Vins et vignobles de France

Vins du Languedoc-Roussillon

Timée-Editions

Sommaire

Le Languedoc-Roussillon

« Le Christ n'a pas changé le vin en eau, mais l'eau en vin » dit un proverbe languedocien semblant ainsi revendiquer une bénédiction divine toute spéciale pour la dive bouteille. Il est vrai que le vignoble du Languedoc-Roussillon est particulièrement chéri par le Ciel. S'étendant sur cinq départements, Aude, Gard, Hérault, Pyrénées-Orientales et Lozère, il est le plus étendu du monde avec ses 160 000 hectares, dont 11 600 sont déclarés en AOC (Appellations d'Origine Contrôlée). De la mer du golfe du Lion aux terrasses abruptes des Pyrénées, il présente une remarquable diversité de paysages qui donnent des crus aussi différents que le somptueux muscat de Rivesaltes ou la joyeuse blanquette de Limoux, premier vin effervescent du monde.

Région la plus chaude de France marquée par un climat méditerranéen, le Languedoc-Roussillon peut être sujet à la sécheresse, renforcée par les vents lorsqu'ils viennent des terres. Lorsqu'ils viennent de la mer, les vents apportent une humidité bénéfique pour la vigne. Sablonneux et argilo-calcaires sur la côte, les sols deviennent schisteux dans les petites crêtes ou vallées de l'arrière-pays,

avec de vastes terrasses de cailloux roulés jusqu'aux Pyrénées, et leurs terroirs argilo-calcaires d'arènes granitiques et de schistes noirs. Cette variété permet la production d'une gamme de vins très étendue, depuis le vin rouge corsé jusqu'au vin blanc mousseux, en passant par le vin rouge medium, le rosé léger et sec, le vin blanc sec, le vin rouge doux, le vin blanc doux et le vin blanc mousseux. Le vignoble du Languedoc-Roussillon compte quatorze AOC en vins blancs, rouges et rosés, qui comprennent elles-mêmes un certain nombre de dénominations locales. Enfin il convient d'ajouter huit AOC pour les vins doux naturels.

Élaborés principalement à partir des cépages grenache noir, cinsault, syrah, carignan noir, grenache blanc, clairette, bourboulenc, piquepoul, rolle et muscat, les vins du Languedoc-Roussillon se retrouvent sur toutes les tables, pour les repas quotidiens comme pour les jours de fêtes…

Cette diversité est aussi le fruit de l'histoire du vignoble qui remonte à l'implantation grecque sur la côte méditerranéenne française, soit au Ve siècle avant J.-C.. À travers les siècles et les crises comme celle du phylloxéra au XIXe siècle, les vignerons ont su s'adapter à l'évolution du marché et aux besoins du consommateur, mettant aujourd'hui davantage l'accent sur la qualité que sur la quantité.

« Il renifle comme pour flairer où ça sent le meilleur : s'empare d'une bouteille de Tokaj ; en verse deux petits verres où tremper des biscuits... »

André Gide

Histoire du vignoble du Languedoc-Roussillon

Voici plus de vingt siècles que le Languedoc-Roussillon a goûté le fruit de la vigne, puisque les premiers crus y sont consommés dès le VIIe siècle avant J.-C.. Apportés par des marchands étrusques, ces vins doivent donner envie aux autochtones qui, sous l'influence des Grecs fondateurs de Marseille vers 600 avant notre ère, plantent bientôt les premiers ceps gaulois aux alentours de Massalia, ainsi que l'on nommait la cité phocéenne. La culture de la vigne s'étend jusqu'à l'arrivée des Romains qui apportent des vins de grande qualité. Terre conquise, le Languedoc-Roussillon appartient à l'Empire. S'y installent des Romains qui cultivent la vigne et profitent des nombreux accès à la Méditerranée pour commercialiser leur vin dans toutes les provinces impériales.

Mais voici que déferlent sur les richesses romaines décadentes les hordes de barbares venus de l'est. Période troublée qui sonne le glas de la viticulture dans le Languedoc-Roussillon. Wisigoths et Francs conquièrent la Gaule narbonnaise et cette douce terre devient le théâtre de batailles qui saccagent le patient travail de la civilisation romaine. Les vignobles du Languedoc-Roussillon sombrent alors dans l'abandon.

Mais enfin vient le vin de messe qui fait renaître le vignoble du Languedoc-Roussillon de ses cendres. C'est en effet pour pouvoir continuer à célébrer l'eucharistie que les moines de la région étudient la viticulture et les techniques de vinification afin que, le meilleur pour le Seigneur, les crus les plus délectables soient consacrés toujours à l'autel… et bénis sur la table des prélats ! C'est aussi aux hommes de Dieu que l'on doit la mise au point du premier vin effervescent, la blanquette de Limoux en 1531.

1531, année où Henry VIII d'Angleterre se sépare de l'Église romaine, remodelant ainsi l'équilibre géopolitique européen, prélude à de nombreuses guerres dont le Languedoc-Roussillon ne sort pas indemne. Mais la création par Louis XIV du port de Sète en 1666 ouvre des perspectives commerciales aux vignerons, tandis que le Canal du Midi, inauguré en 1681 ouvre un passage vers l'intérieur des terres et les royaumes du nord de l'Europe. Le vignoble, assuré de trouver un marché peut alors croître avec profit. Cependant la Révolution le décapite en partie. La nature, parfois

mère généreuse, parfois marâtre sans pitié, n'épargne ni gelées, ni sécheresse, ni parasites, ni insectes qui limitent les rendements.

Le Progrès, cher au XIXe siècle, se manifeste sous la forme du chemin de fer qui assure un transport rapide pour les vins et permet aux vignerons de pouvoir continuer à produire en étant tranquillisés quant aux débouchés. Mais la peste, puisqu'il faut l'appeler par son nom, se présente sous la forme du phylloxéra, petit insecte qui fait des ravages dans le vignoble. Obligeant à l'arrachage systématique des vignes, ce fléau est résolu avec la greffe de plants américains sur les cépages français.

Après les épreuves naturelles, c'est sur fond de crise sociale que le vignoble traverse le début du XXe siècle. De tendance politique aussi rouge que leur vin, les vignerons, notables et élus locaux s'associent pour lutter contre les fraudes, en réaction à l'inertie du gouvernement de Clemenceau. Il faut une loi en 1907 pour mettre fin à l'émeute qui a failli tourner au soulèvement de la région. Puis vient le temps de la sagesse, dans une démarche toujours actuelle de miser davantage sur la qualité quitte à réduire la production. Cet effort porte ses fruits dans les années 1980 où le vignoble reçoit ses premières AOC.

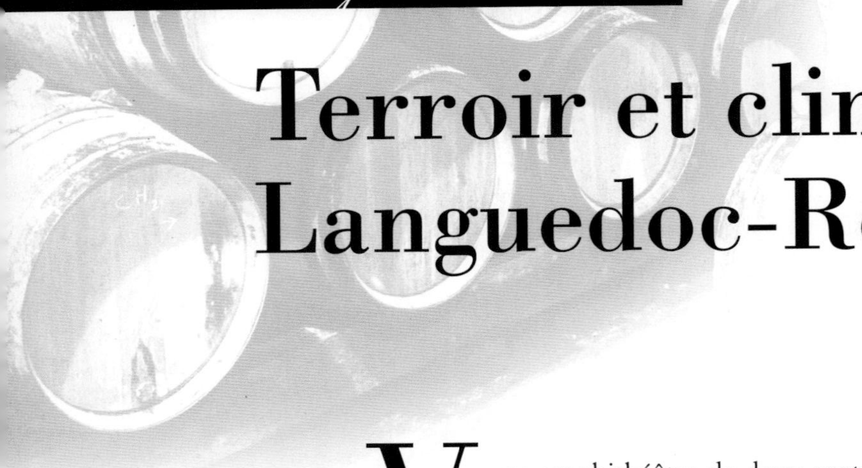

Terroir et climat en Languedoc-Roussillon

Vaste amphithéâtre de deux cents kilomètres de long ouvert sur la Méditerranée, le vignoble du Languedoc-Roussillon s'étend sur cinquante kilomètres à l'intérieur des terres. Le climat est essentiellement méditerranéen avec des températures moyennes élevées et de faibles précipitations. En bordure du littoral, il ne pleut ainsi que cinquante jours par an. Le creux estival est très marqué, il arrive qu'il ne pleuve point pendant quarante à cinquante jours durant l'été mais le niveau des précipitations remonte rapidement lorsqu'on s'avance à l'intérieur des terres. De fréquents orages au printemps et en été occasionnent des ravinements par lesquels s'écoule l'eau sans que la vigne en profite.

Tourné vers la mer, le Languedoc communique avec l'intérieur des terres par deux couloirs, la vallée du Rhône et le seuil de Naurouze ou du Lauragais. Les masses d'air s'engouffrent par ces couloirs, prennent de la vitesse et se dessèchent pour donner à l'est le mistral et à l'ouest le cers, la tramontane du pays catalan. Ces vins contribuent à assainir la vigne et sont bénéfiques pour l'état sanitaire et la maturation des raisins.

La vigne aime en effet les conditions qui pourraient paraître inhospitalières à d'autres cultures. Laissant les riches terres de la plaine aux jardins maraîchers et aux vergers, elle s'accroche sur des terroirs chauds et secs. La plupart des vignobles AOC du Languedoc sont localisés sur des versants pentus soumis à une forte érosion. Très caillouteux, les terrains sont de natures assez diverses. Si le vignoble de Corbières et celui de Saint-Chinian ont ainsi un sol, celui de Limoux est sablo-argileux et celui de Cabardès est composé de marnes. Sur le vignoble de Malepère, les sols sont des molasses tandis que les vignes des Coteaux du Languedoc poussent sur des éboulis calcaires. Le Roussillon se découpe en cinq grandes zones. Les contreforts des Albères, domaine du vignoble de Banyuls sont schisteux, tandis que le vignoble des Aspres, d'où est originaire l'AOC Côtes du Roussillon Les Aspres, a pris racine sur des collines détritiques. Le Rivesaltais, pays des vins doux naturels si fameux abrite son vignoble sur des terrasses caillouteuses tandis que la vallée de l'Agly, terroir du Côtes du Roussillon Villages et Côtes du Roussillon, possède une mosaïque de sols différents suivant les terroirs, calcaires, schisteux, gneissiques et graniteux.

Les cépages du Languedoc-Roussillon

Le vignoble du Languedoc-Roussillon présente probablement la plus grande variété de cépages en France, bien qu'une grande partie n'entre dans la composition que de quelques appellations. Il faut distinguer les cépages vinifiés en vins rouges et rosés, les cépages qui donnent des vins doux naturels comme le muscat de Rivesaltes et ceux qui produisent du vin blanc.

Les cépages des vins rouges et rosés

Originaire d'Espagne ou de l'île de Malte, le grenache noir est le cépage roi dans le Languedoc-Roussillon où il est parfois appelé bois-jaune. Il donne aux vins jeunes des arômes élégants de petits fruits rouges. Avec les années, il exprime des notes plus épicées et animales qui apportent au vin du gras, de l'ampleur et de la puissance.

Longtemps utilisé comme raisin de table pour son goût et sa beauté, le cinsault est un cépage d'origine provençale, très utilisé pour l'élaboration des vins rosés. Il apporte fraîcheur, finesse et fruité. En assemblage, il nuance la puissance des autres cépages. Sa bonne résistance à la chaleur le rend particulièrement bien adapté au climat du sud.

Originaire de la partie septentrionale des Côtes du Rhône, la syrah a commencé à descendre le long du fleuve au XIXe siècle. Ce cépage entre aujourd'hui dans la composition de la plupart des vins rouges et rosés de Provence. Ses petites baies noires aux reflets bleutés apportent solidité et couleurs. Un peu rudes les premières années car chargés en tannins, les crus issus de la syrah sont particulièrement aptes à un vieillissement prolongé. Le temps y révèle des notes de vanille, de havane et de fruits rouges confits.

S'accommodant de toutes les sortes de sol mais donnant le meilleur de lui-même en terrain sec et peu fertile, le carignan noir exige beaucoup de chaleur pour pouvoir pousser au mieux. Toujours utilisé en assemblage, il donne des vins colorés, charpentés et généreux.

Les cépages des vins blancs

Sensible à l'oxydation, le grenache blanc exige un transport rapide à la cave. Sa potentialité alcoolique élevée s'accompagne d'une faible acidité lorsqu'il est

cueilli tardivement dans la saison. Plus tôt, il donnera des vins fins et légers, légèrement acides.

Très ancien cépage provençal, la clairette s'accommode surtout des terres maigres sans jamais produire beaucoup. Ses grains oblongs apportent aux vins arôme et bouquet, avec des notes de fruits à chair blanche.

Le bourboulenc blanc ou malvoisie est un cépage productif, peu sensible à la pourriture grise. De faible acidité, il n'exprime ses arômes floraux que lorsqu'il est mené à maturation complète.

De bonne fertilité, le piquepoul blanc donne des vins blancs secs, fruités et nerveux.

Produisant des vins bien équilibrés, amples, gras et caractérisés par des arômes de noisette, la **roussanne** possède un acidité moyenne.

Originaire de Ligurie, au nord-ouest de la péninsule italienne, mais cultivé depuis toujours en Provence, le rolle conjugue robustesse et qualité gustative. Il produit des vins où s'entremêlent parfums d'agrumes et de poires. Gras et équilibrés, ils possèdent une grande finesse de corps et d'arômes.

Les cépages des vins doux naturels

Sans doute d'origine grecque, le muscat préfère les sols caillouteux. Très fin et fruité, aux arômes de miel, de rose

Hiérarchie des appellations contrôlées

Le vignoble du Languedoc-Roussillon compte treize AOC en vins blancs, rouges et rosés, les Coteaux du Languedoc, le Minervois, la Clairette du Languedoc, le Picpoul de Pinet, le Cabardès, le Malepère, le Fitou, les vins de Limoux, le Corbières, le Faugères, le Côtes du Roussillon, le Saint-Chinian, le Costières de Nîmes et le Collioure.

À ces appellations peuvent s'ajouter des dénominations locales de noms de villages pour les Coteaux du Languedoc, la Clairette du Languedoc, le Saint-Chinian et le Côtes du Roussillon.

Enfin il convient d'ajouter huit AOC pour les vins doux naturels, les muscats de Saint-Jean-de-Minervois, de Frontignan, de Lunel et de Rivesaltes, le Rivesaltes, le Banyuls, le Maury et le Grand Roussillon. Un vin de liqueur, la Clairette du Languedoc, a également droit à une appellation qui peut être suivie du nom d'un des villages de son territoire de production.

Le Languedoc-Roussillon comprend également un Vin de Pays régional, le Vin de Pays d'Oc, quatre Vins de Pays de Département, ceux de l'Aude, de l'Hérault, du Gard et des Pyrénées-Orientales, et cinquante-sept Vins de Pays de Zone, comme le Vin de Pays des Côtes de Thongue ou le Vin de Pays des Coteaux du Pont du Gard.

Château
Puech-Haut
Saint-Drézéry
1999
PRODUCT OF FRANCE
COTEAUX-DU-LANGUEDOC
RED WINE UNFILTERED

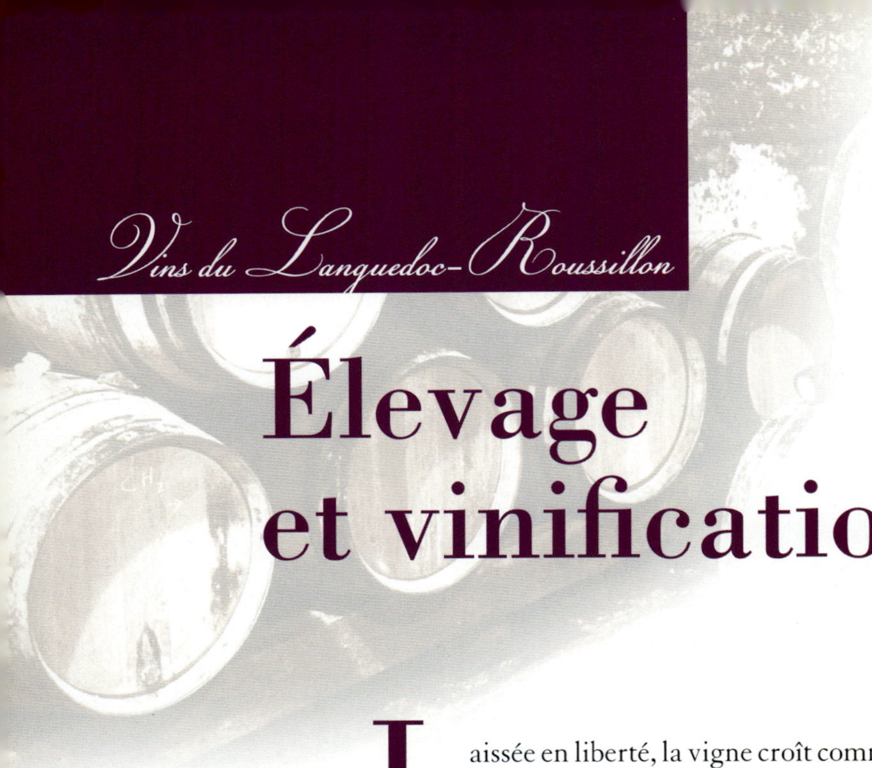

Élevage et vinification

Laissée en liberté, la vigne croît comme un arbrisseau sauvage : elle présente des branches courtes et des grains de raisin minuscules, acides et peu juteux. Le vigneron cherche donc à maîtriser l'œuvre de la nature pour en tirer le meilleur. Pendant l'hiver, le vigneron doit prendre soin de tailler la plante, alors en repos végétatif : il va réduire le nombre de rameaux pour fortifier les autres. Au printemps, l'apparition des premiers bourgeons s'appelle le débourrement. Les branches s'allongent, vrilles et inflorescences apparaissent, les baies, d'abord vertes, grossissent, puis se colorent durant la véraison et jusqu'à la vendange, à la fin du mois de septembre.

La vinification, c'est la transformation du raisin en vin. Le travail du vigneron consiste à utiliser au mieux les éléments naturels qui conditionnent la production de vins : le climat, les sols, les cépages. À bien des égards, ce métier, qui requiert du bon sens et de l'expérience, s'apparente à un art.

Pour la vinification en rouge, il convient en premier lieu de procéder à l'égrappage, ou éraflage, qui vise à séparer les grains de raisin de la tige porteuse de grains, nommée rafle. Puis, vient l'opération du foulage qui libère le jus, appelé moût, et permet d'obtenir le marc, la pâte résultant des peaux et des parties solides du raisin. S'ensuit

Vinification en rouge

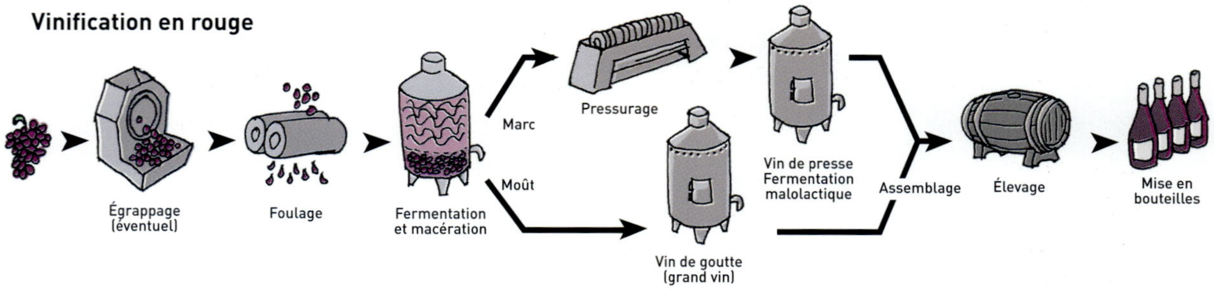

Vinification en blanc

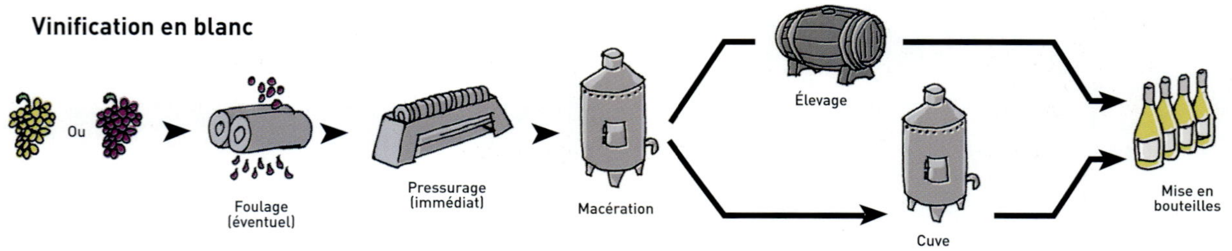

la fermentation alcoolique durant laquelle le sucre des raisins se transforme en alcool du fait des champignons de la famille des levures. Le moût bouillonne et forme une écume. Idéalement la température doit se situer entre 25°C et 30°C au cours de la fermentation alcoolique. Durant la macération, le marc imprègne le moût, il lui donne sa couleur et son corps. Lors de l'écoulage, le marc est séparé du moût ; le vin obtenu est appelé vin de goutte. On assemble ensuite le vin de goutte avec le vin de presse issu du marc ayant été soumis au pressurage. Dernière étape de ce long processus : la fermentation malolactique qui s'obtient par une incubation du vin nouveau pendant plusieurs semaines à une température de 18°C à 20°C durant laquelle l'acide malique du vin nouveau se transforme en acide lactique et en gaz carbonique. Le vin est ensuite placé en fûts de chêne jusqu'à la stabilisation avant la mise en bouteilles fermées par des bouchons de liège.

Alors que le vin blanc est élaboré avec le jus de raisin pur, sans macération avec les parties solides, le vin rouge ne peut être obtenu qu'à partir de cépages colorés car c'est la peau qui lui donne sa couleur. Souvent vinifié à partir de raisins blancs, le vin blanc peut également l'être à partir de raisins colorés en prenant grand soin d'extraire le jus sans abîmer les peaux qui contiennent les pigments. Plus ardue, la vinification en blanc nécessite une exécution rapide des différentes phases. La macération des rafles, des peaux et des pépins doit être évitée faute de quoi le moût coloré conduirait à des vins teintés, encore appelés vins tachés.

Le bon vieillissement des vins est assuré par le tanin contenu dans les matières solides du raisin, c'est pourquoi la durée de conservation des vins blancs qui en sont dépourvus est inférieure à celle des vins rouges. S'ils doivent, en règle générale, être bus plus tôt que les vins rouges, les vins blancs présentent néanmoins une variété de saveurs plus large que les vins rouges, en allant du sec au moelleux ou liquoreux, en passant par le fruité, le pétillant, le mousseux ou le madérisé.

CRU FITOU
CASCASTEL
PAZIOLS
TUCHAN
VILLENEUVE
CONTRÔLÉE

Les vignobles du Languedoc-Roussillon

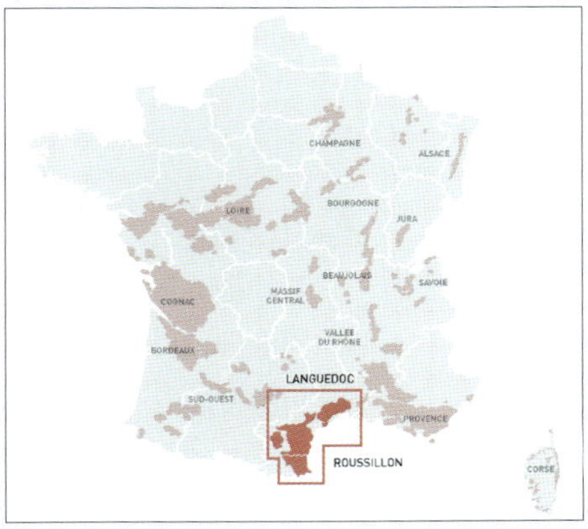

Décrié pour avoir longtemps préféré la quantité à la qualité des vins produits, le vignoble du Languedoc-Roussillon a opéré ces vingt dernières années un virage à 180°, délaissant progressivement la production de vin ordinaire et de médiocre qualité (on parlait de vins obtenus en faisant «pisser la vigne») pour s'orienter dans une démarche de qualité, d'originalité et de retour aux sources. Le vignoble du Languedoc-Roussillon est aujourd'hui le troisième vignoble producteur d'appellations après la vallée du Rhône et le bordelais, preuve s'il en est de son dynamisme. Ce renouveau en fait l'une des régions les plus intéressantes de France actuellement, d'où sortent de véritables petites pépites vendues aux quatre coins du monde. Le Languedoc-Roussillon est également le plus important producteur de vins doux naturels, avec près d'une dizaine d'appellations différentes.

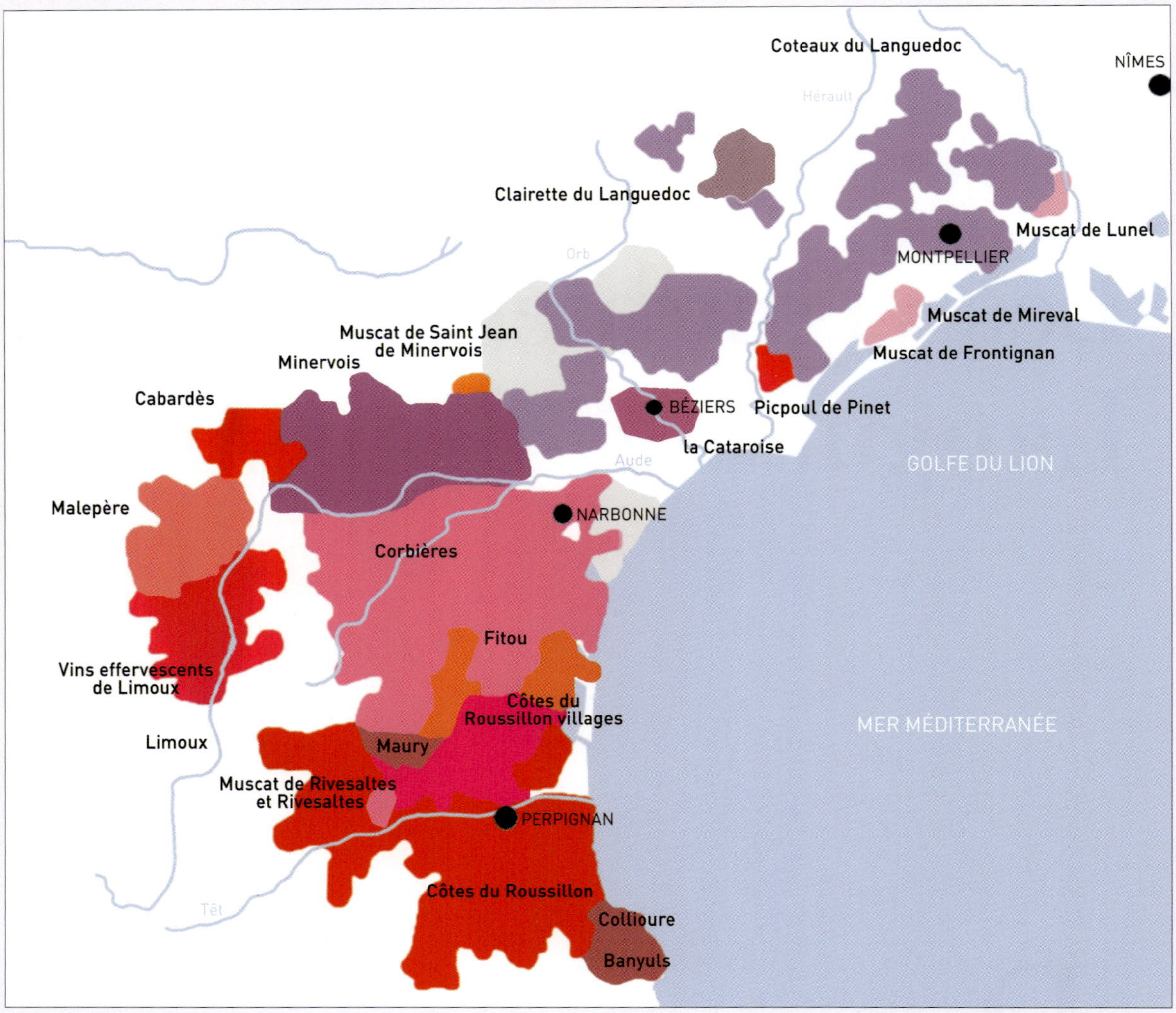

Le terroir

Le vignoble du Languedoc-Roussillon est réparti sur les départements du Gard, de l'Hérault, de l'Aude pour les vins du Languedoc et des Pyrénées-Orientales pour les vins du Roussillon, et s'étend du pied du Massif central au Golfe du Lion du nord au sud, et de la Camargue à la frontière espagnole d'est en ouest. Un vignoble parmi les plus vastes avec ses 330 000 hectares de vigne dont près de 70 000 en appellations d'origine contrôlée, qui alterne entre plaines littorales, plateaux et montagnes pour former un immense amphithéâtre naturel beigné par les embruns maritimes. Le climat méditerranéen donne des étés chauds et secs (la région est la plus chaude de France, surtout dans sa partie méridionale), les hivers doux avec des températures rarement en dessous de 0°C. La pluviométrie assez faible alliée au Cers (vent soufflant dans la région) contribue à maintenir une certaine sècheresse, particulièrement favorable dans le cas de la production des vins doux naturels du Roussillon.

> “ Ta liqueur rose ô joli vin
> Semble faite de sang divin. ”
>
> Gérard de Nerval

Les sols sont essentiellement composés de schistes, de calcaires et de marnes (AOC Cabardès en particulier).

Les vins

Les vins rouges du Languedoc sont généralement puissants et tanniques, très colorés, mais non dénués de finesse et de rondeur. Les blancs, y compris les vins doux naturels, sont assez arômatiques, élégants, sur le fruit et la fleur.

Les principaux cépages

Le vignoble du Languedoc-Roussillon présente probablement la plus grande variété de cépages en France, bien qu'une grande partie n'entre dans la composition que de quelques appellations. Pour les vins rouges et rosés, on note principalement les cépages grenache, carignan, cinsault, cabernet franc, cabernet-sauvignon ou encore gamay. Les vins doux naturels sont eux produits essentiellement à partir du cépage muscat de Frontignan ou d'Alexandrie (pour les Rivesaltes), un cépage qui figure parmi les plus anciens au monde. Les vins blancs sont issus du chardonnay, du bourboulenc, du maccabeu, de la marsanne du mauzac ou du picpoul blanc notamment.

Les principales appellations

Dans le Roussillon, ce sont les appellations Côtes du Roussillon et Côtes du Roussillon villages qui dominent, réparties essentiellement dans les Pyrénées-Orientales. On trouve également des appellations de plus en plus connues, tels que l'AOC Minervois ou l'AOC Corbières. En remontant le long du littoral, on trouve les AOC Coteaux du Languedoc et Saint-Chinian pour finir tout à l'est du vignoble, avec les Costières de Nîmes.

Coteaux du Languedoc

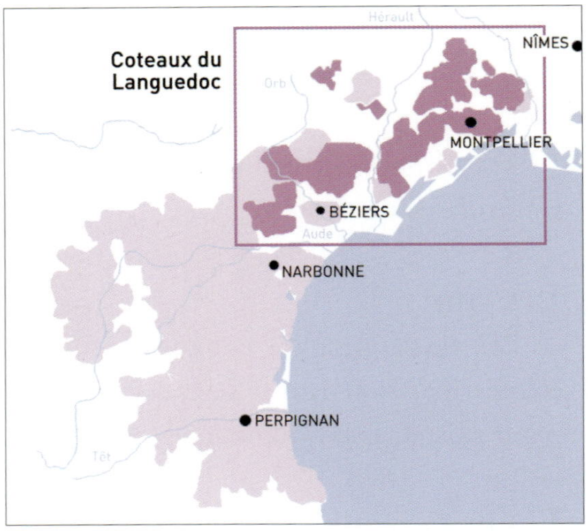

S'étendant sur près de quatre-vingt-dix kilomètres de long, depuis Narbonne jusqu'à Nîmes, l'appellation Coteaux du Languedoc est difficile à définir en quelques mots. Dispersés entre mer et montagne, ses terroirs offrent des paysages aux multiples beautés qui composent une troublante alchimie.

Cette étendue induit une vraie diversité climatique selon le degré d'éloignement de la mer et l'altitude, le cycle favorable à la culture de la vigne s'allongeant au fur et à mesure que l'on descend vers la Méditerranée. Cependant, revers de la médaille, la facilité avec laquelle croît la vigne sur les plaines alluvionnaires fertiles de la côte a souvent donné une importante production de vins médiocres, car élevés sans l'exigence aristocratique, au sens de recherche du meilleur, qui caractérise les grands crus. En effet, des conditions climatiques optimales, à savoir un fort taux d'ensoleillement, doivent être contrebalancées par un sol pauvre. Tels sont les schistes peu généreux du massif primaire de Saint-Chinian, Faugères et Cabrières, avec leur relief très prononcé et leur feuilleté qui permet un excellent enracinement de la vigne. Les calcaires durs de la Clape, des terrasses du Larzac et de Pic-Saint-Loup peuvent donner des résultats remarquables quand sont cultivés les substrats les plus pauvres comme sur le plateau de Saint-Jean-de-Minervois. Galets, terrasses alluviales anciennes et cônes de déjection occupent les régions des grès de Montpellier, des terrasses du Larzac et de Béziers.

En plus de l'AOC générale Coteaux du Languedoc, le vignoble abrite trois autres AOC, Saint-Chinian, Faugères et Clairette du Languedoc. Les vignobles mitoyens de Saint-Chinian et de Faugères, implantés sur des terroirs schisteux, bénéficient de conditions climatiques semblables, des températures très douces et un air sec.

Coteaux du Languedoc
Superficie : 9 000 ha
Production : 490 000 hl/an

Saint-Chinian
Superficie : 3 150 ha
Production : 142 000 hl/an

Faugères
Superficie : 1 950 ha
Production : 84 000 hl/an

Clairette du Languedoc
Superficie : 100 ha
Production : 4 000 hl/an

Encépagés en carignan, grenache, syrah et mourvèdre, ils se différencient par la nature de leurs sols, plus gréseux à Faugères qu'à Saint-Chinian, avec des argiles issues des dépôts marins de l'ère primaire. Les deux vignobles produisent des vins rouges et rosés. Les vins rouges de Faugères se distinguent par leur rondeur, leurs arômes de fruits mûrs et la douceur de leurs tannins doux, tandis que les notes de grillé de torréfaction et les tannins soyeux des vins rouges de Saint-Chinian enchanteront les gourmets. Quant à la Clairette du Languedoc, il s'agit d'un vin blanc sec ou moelleux, issu du cépage clairette, alliant finesse et complexité.

De manière générale, les vins rouges Coteaux du Languedoc offrent des arômes de framboise, cassis et cuir, tandis que vins blancs et rosés montrent une grande légèreté et un fruité délicieux. Les vins rouges accompagnent avec bonheur la viande rouge grillée, les saucissons et salamis ainsi que Saint-Nectaire, Cantal. Le goût d'un bon Saint-Marcellin sera agréablement rehaussé par un vin rosé. Quant au vin blanc, avec son nez de fruits jaunes, pourquoi ne pas le déguster avec des plats de poisson élaborés, comme une dorade avec du riz au lait de coco, ou du saumon rôti à la crème d'aneth et aux petits légumes ?

Muscat de Lunel, de Mireval et de Frontignan

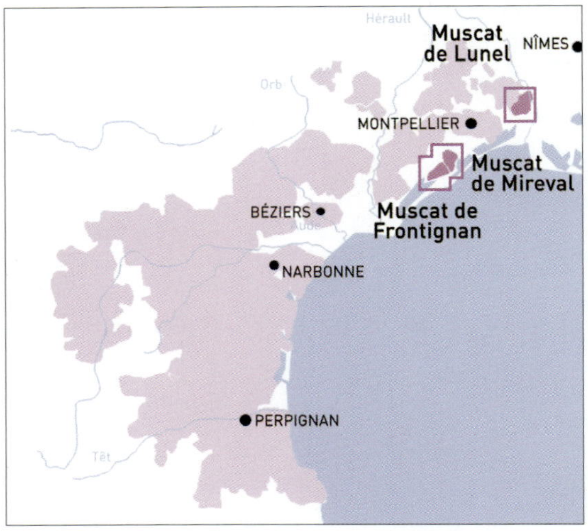

« LE MUSCAT DU DIMANCHE ne les fait plus chanter », ainsi Jacques Brel décrivait-il la morne vie de ceux qui ont « vécu trop longtemps » dans la chanson *Les vieux*. Pourtant, s'il est bien un vin qui invite à la joie de vivre c'est le muscat, le doux et délectable muscat, cet élixir de jouvence. Qu'il soit de Lunel, Mireval ou Frontignan, trois noms qui fleurent bon le sud, le muscat est un vin joyeux et épicurien. Chacune des appellations possède cependant sa propre personnalité.

Les cailloutis siliceux de Lunel, enrobés d'argile ainsi que l'ouverture du vignoble sur la vallée du Rhône et son exposition au mistral confèrent au vin une grande puissance liquoreuse qu'atténue la légèreté des arômes de raisins frais et de fleurs.

Face à la mer, le vignoble de Mireval est partiellement abrité des vents desséchants du nord-ouest. Exposé plein sud, il jouit directement des effets des brises marines. Il donne des vins à la bouche onctueuse et franche que tempère la fraîcheur aromatique de fleurs blanches, de raisins mûrs et d'agrumes.

Bénéficiant des mêmes conditions climatiques que le terroir de Mireval qu'il prolonge, le vignoble de Frontignan bénéficie en 1936 de la première des appellations d'origine contrôlée des muscats français. Si vous vous demandez si était justifiée la volonté de Voltaire qui demandait du Frontignan en guise d'extrême-onction, savourez juste les arômes de fruits secs ou exotiques de ce vin long en bouche et vous comprendrez le dernier souhait de l'illustre mécréant.

Et comment pourrait-il en être autrement pour des vins issus du muscat blanc, dit aussi doré ou à petits grains, cet enfant du soleil et de la chaleur qui demande à être récolté à pleine maturité ? De faible rendement le muscat pousse à merveille sur les sols argilo-calcaires à calcaires. Et peut-être illustre-t-il mieux que quiconque

Lunel
Superficie : 320 ha
Production : 11 000 hl/an

Mireval
Superficie : 270 ha
Production : 7 900 hl/an

Frontignan
Superficie : 780 ha
Production : 24 000 hl/an

“ Il faisait chaud cette nuit-là. Cette femme avait les bras nus, une robe légère. Le Tokaj qu’elle venait de déboucher était à côté d’elle. Elle était dorée par l’été, elle semblait sortie du flacon… ”

Jean Giraudoux

le pouvoir du vin de réconcilier les hommes dans leurs luttes, fût-ce tragiquement, comme l’a chanté Aragon décrivant la mort de « Celui qui croyait au ciel et celui qui n’y croyait pas » dans son célèbre poème *La Rose et le Réséda*.

« Et leur sang rouge ruisselle
Même couleur même éclat
Celui qui croyait au ciel
Celui qui n’y croyait pas
Il coule il coule il se mêle
À la terre qu’il aima
Pour qu’à la saison nouvelle
Mûrisse un raisin muscat »

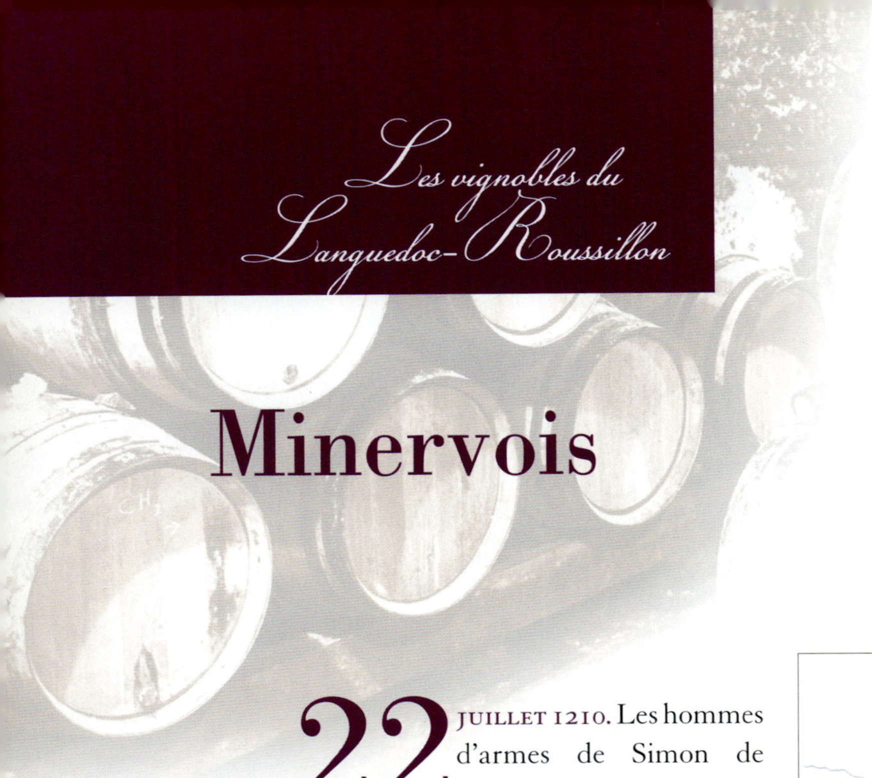

Les vignobles du Languedoc-Roussillon

Minervois

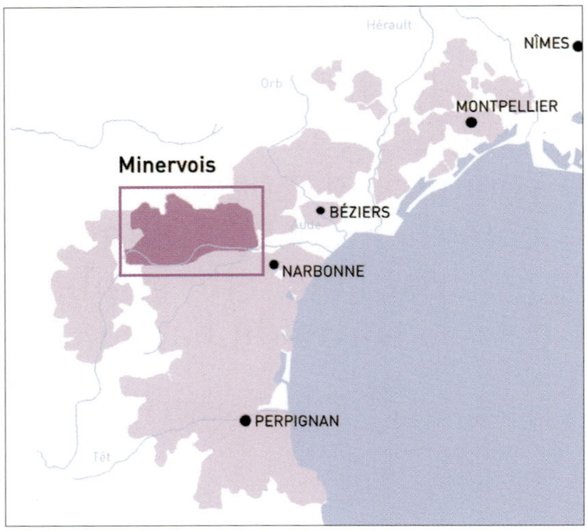

22 JUILLET 1210. Les hommes d'armes de Simon de Montfort sont fatigués par les sept longues semaines du siège de la forteresse de Minerve où sont refugiés plus d'une centaine de Parfaits ainsi que s'appellent les tenants de l'hérésie cathare. Mais lorsqu'enfin la ville leur ouvre ses portes, alors qu'ils se pressent derrière la croix et les drapeaux de leur chef, renaît leur ardeur. Les rudes soudards sont pressés de pouvoir passer au fil de l'épée ces hérétiques qui perturbent autant l'ordre social que la foi catholique. Cependant les moines et prêtres tempèrent cette humeur belliqueuse, ceux qui abjureront auront la vie sauve. Désir de martyre, croyance chevillée au corps, ou dernier acte de résistance désespéré ? Sur les quelques cent-cinquante Parfaits assoiffés qui se terrent encore au château, seules trois femmes renient leur croyance, les autres seront brûlés sur le bûcher dressé pour l'occasion. Le tristement célèbre siège de Minerve est terminé, elle a vécu Minerve la belle forteresse, elle est tombée victime de son manque d'approvisionnement en eau.

Peut-être un observateur qui survolerait les siècles pourrait-il, jetant un regard distancé et provocateur sur cette tragédie, parodier la phrase prêtée à Marie-Antoinette en s'exclamant : « Ils n'ont pas d'eau ? Qu'on leur donne du vin ! ». Et certes un homme du XIIIe siècle qui reviendrait dans le Minervois goûterait sûrement tout autant que nous autres les crus délectables produits dans un des vignobles les plus vastes du Languedoc-Roussillon.

S'étendant sur 15 000 hectares dont 5 000 sont destinés à la production des trois AOC, Minervois, Minervois La Livinière et Saint Jean de Minervois, le vignoble se présente sous la forme d'un vaste amphithéâtre orienté plein sud sur une cinquantaine de kilomètres d'est en ouest. L'altitude peut varier de cinquante mètres entre les bords du canal du Midi, ceux de l'Aude et les premiers contreforts montagneux. Ceci induit des écarts de température de 3 à 4 °C. Même si les sols gréseux du piémont des Causses sont les plus caractéristiques de

Minervois
Superficie : 5 000 ha
Production : 170 000 hl/an

Minervois La Livinière
Superficie : 7 000 ha
Production : 200 hl/an

l'appellation, on trouve aussi des plateaux calcaires au nord, des terrasses caillouteuses dans le centre et du marbre incarnat dans le terroir de Caunes-Minervois qui abrite quelques rares vignes dont Louis XIV s'était réservé une partie de la production pour son usage exclusif !

La production de vins blancs et de rosés étant assez confidentielle, c'est sûrement le vin rouge qui allait faire les honneurs de la table royale à Versailles. Produit aujourd'hui à partir des cépages syrah, grenache, carignan, cinsault et mourvèdre, l'AOC Minervois donne des vins rouges avec une belle robe grenat et des arômes de fruits rouges épices et réglisse. Les vins rosés présentent une belle fraîcheur tandis que les vins blancs, issus de la grenache, du bourboulenc, de la marsanne et de la rousanne, offrent des senteurs de bruyère.

En plus du vin doux naturel de Saint-Jean-de-Minervois, traité à part, le Minervois offre aussi depuis 1998 l'appellation Minervois La Livinière. La plus forte présence de la syrah et du mourvèdre ainsi que l'élevage des crus pendant au moins quinze mois en font des vins bien charpentés qui se dégustent avec des plats de viande comme un médaillon de bœuf aux girolles.

Cabardès

Entre vent d'est et vent d'ouest, le vignoble de Cabardès croise harmonieusement la douceur atlantique et les rigueurs méridionales. Ses 550 hectares, exposés au sud sur les contreforts de la Montagne Noire subissent en effet à l'est un climat méditerranéen, sec et chaud, avec des brouillards et gelées occasionnels, tandis que l'ouest, bien que très chaud l'été, connaît des printemps plus humides, et qu'au nord l'altitude engendre un temps plus froid. Le sol varie également selon l'altitude. Aux cailloux calcaires qui conservent la chaleur dans les parties les plus basses succèdent granit, schiste et gneiss.

Les Romains l'avaient bien compris, eux qui introduisirent la culture de la vigne sur les pentes de la Montagne Noire. Puis suivirent les Bénédictins qui en 1005 octroyèrent aux habitants de communes de la région l'autorisation de plantation de vignes. Le vignoble semble avoir toujours été cultivé jusqu'au XIXe siècle où, à l'instar de ses homologues de toute l'Europe, il subit de plein fouet la crise du phylloxéra, résolue avec la greffe de plants américains sur les ceps français.

Cabardès
Superficie : 450 ha
Production : 20 000 hl/an

Les cépages portent également la marque de cette influence, puisque le Cabardès est la seule AOC du Languedoc

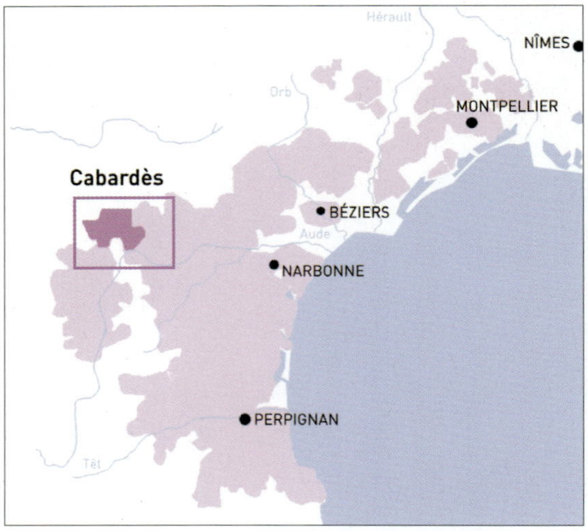

à réaliser l'assemblage, à parts égales, de deux familles de cépages, les cépages atlantiques, cabernet sauvignon, cabernet franc et merlot s'allient aux méditerranéens syrah, et grenache. Ce mariage d'amour est complété par d'autres cépages, côt, servadou et cinsault qui peuvent représenter jusqu'à 20 % des assemblages.

Les vignerons des dix-huit communes que couvre l'appellation, héritiers d'une tradition patiemment élaborée à travers les âges, savent obtenir par ce savant mélange des vins équilibrés et complexes qui associent avec bonheur les arômes de fruits rouges, la finesse et la vivacité des cépages atlantiques avec la richesse, le gras et la souplesse des cépages méditerranéens. Les vins rouges de Cabardès, de couleur très profonde, développent des arômes de

" J'aime tous les vins francs, parce qu'ils font aimer "

Alfred de Musset

liqueur de cassis, de cerises noires, fruits confits, violette, cuir… Ronds, agréables et bien équilibrés, ils se dégustent avec des pâtés de gibier ou viandes en sauce. Le vin rosé, fin et sec représente une part moins importante de la production mais sa fraîcheur et ses arômes fruités en font un convive apprécié avec la cuisine méditerranéenne.

Malepère

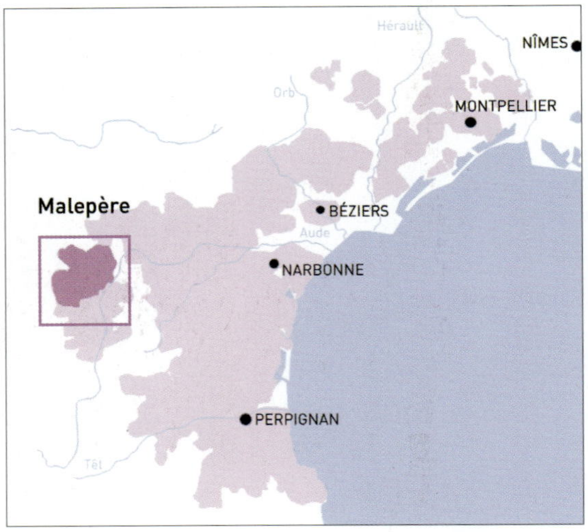

MALEPÈRE... non ce nom aux douces assonances ne désigne pas un mal de père qui serait le pendant du mal de mère, ou de mer, mais « Malo Peyro », la mauvaise pierre en occitan.

Pourtant les coteaux du massif gréseux du Mont Naut n'ont rien fait pour mériter un tel qualificatif, ils sont en effet le berceau de délectables vins rouges et rosés. Les 550 hectares que couvre l'appellation la plus occidentale de tout le Languedoc sont encépagés en cabernet franc, cabernet sauvignon, cinsault, côt, grenache, lledoner pelut, merlot, ainsi que de syrah pour les rosés si les plantations ont été effectuées avant décembre 2000. Autrefois connu sous le nom Côtes-de-Malepère, le vignoble a été classé en AOC en 2007 sous l'appellation Malepère.

Les deux vignobles jumeaux Malepère et Cabardès situés de part et d'autre du seuil de Naurouze, couloir dans lequel s'engouffrent les masses d'air venues de l'océan, bénéficient chacun d'un climat de transition. La douceur du climat atlantique vient tempérer la sécheresse estivale du climat méditerranéen qui prédomine dans le secteur. Cependant les multiples expositions des coteaux du Mont Naut créent autant de situations climatiques différentes. Les secteurs abrités possèdent ainsi une végétation plus méditerranéenne, comme dans le terroir de Carcassonne, tandis que le terroir du Razes est le plus sensible aux influences climatiques venues de l'océan Atlantique.

Pouvant se conserver trois ans ou plus, les vins rouges Malepère montrent un nez intense et complexe, où se mêlent humus, fruits cuits et fumée. Leur belle structure charnue fait merveille avec des plats gastronomiques comme un cassoulet de Castelnaudary ou un suprême de volaille aux truffes. À moins que la douceur et l'élégance de leurs tannins ne séduisent un amateur de civet de lièvre à la sauge. Un adepte des soirées automnales se laissera tenter par un salmis de palombes accompagné d'une fricassée de champignons

Malepère
Superficie : 550 ha
Production : 30 320 hl/an

sauvages tandis qu'un solide gentleman farmer fera miroiter dans un verre cristallin sa belle livrée grenat, servie entre 16° et 17°.

Le rosé Malepère est une coquette un peu mutine avec une bouche élégante. Servi entre 10° et 13°, il laissera ses arômes d'agrumes régaler les gourmets en se mariant avec des grillades, des charcuteries, des moules aux épinards ou une fricassée de baudroie en saupiquet.

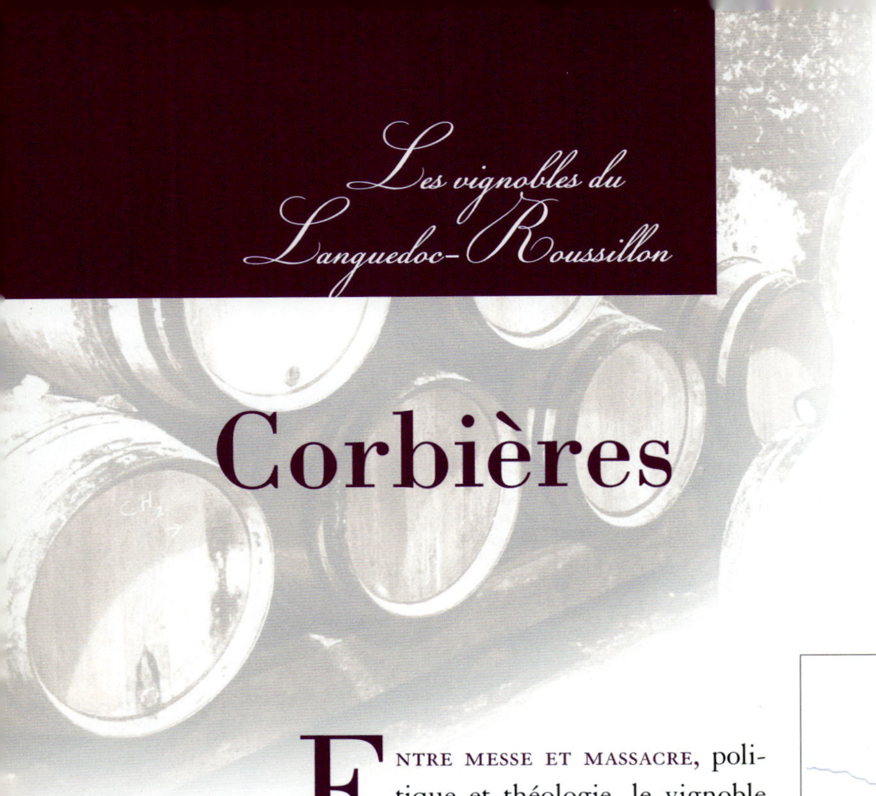

Corbières

ENTRE MESSE ET MASSACRE, politique et théologie, le vignoble de Corbières reflète dans son histoire les vicissitudes de la région narbonnaise. Après une forte croissance du vignoble sous le règne d'Auguste (27 av. J.-C.-14 ap. J.-C.), il est coupé dans son élan par l'ordre de l'empereur Domitien en 92 d'arracher la moitié des plantations viticoles en Gaule à cause de la concurrence faite aux vins romains, même si l'édit n'a pas été partout appliqué avec rigueur. Le salut vient de l'implantation des grandes abbayes cisterciennes et bénédictines qui des XIe au XIIIe siècles défrichent avec patience des milliers d'hectares qu'ils plantent de vigne pour le vin de messe comme pour leur consommation personnelle. Mais cette invitation à la douceur de vivre au rythme des offices ne dure point, la croisade en 1209 contre les austères Albigeois, tenants de l'hérésie cathare, vient apporter la guerre et son cortège de destructions. Dans le pays mis à feu et à sang, bien malin qui pourrait alors prédire quand le vin coulera de nouveau à flot… Il faut attendre l'épicurien XVIIIIe siècle pour que le vin de Corbières retrouve sa renommée et soit exporté de son pays de soleil aux terres lointaines de Russie ou d'Écosse.

Corbières
Superficie : 15 000 ha
Production : 550 000 hl/an

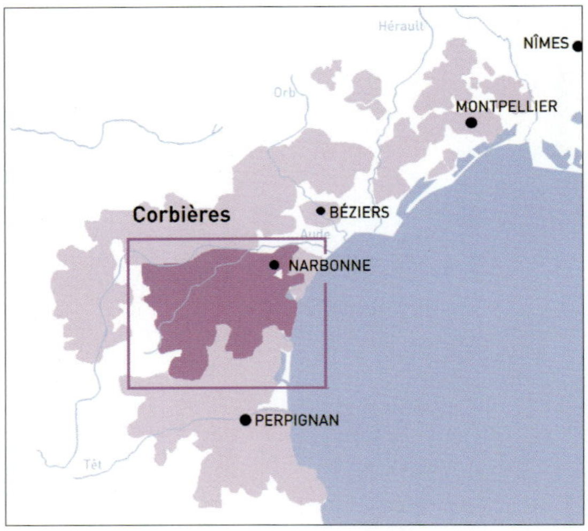

Aujourd'hui le vignoble de Corbières s'étend sur 15 000 hectares du massif montagneux des Corbières jusqu'à la Méditerranée. À l'image de cette histoire mouvementée, entre les remuantes Pyrénées au sud-ouest et le vieux Massif central au nord-est, la géologie du vignoble est très complexe. Ceci se traduit par une grande diversité de sols, schiste, calcaire, grès et marne qui composent onze terroirs différents, Boutenac, Durban, Fontfroide, Lagrasse, Lézignan, Montagne d'Alaric, Quéribus, Saint-Victor, Serviès, Sigean, Termenès. Le climat est dominé par l'influence méditerranéenne mais les terroirs les plus occidentaux peuvent subir l'influence océanique.

Les vins rouges et rosés sont vinifiés à partir des cépages grenache, syrah, cari-

gnan, mourvèdre, cinsault tandis que les vins blancs, plus rares, proviennent des bourboulenc, maccabeu, grenache blanc et marsanne. Charnus et corsés, les vins rouges révèlent des arômes de fruits noirs, réglisse et thym. Ils se dégustent avec des viandes rouges grillées ou du pâté de gibier, ou accompagnent un plateau de fromage avec chèvre, laguiole, pélardon ou cheddar.

Limoux

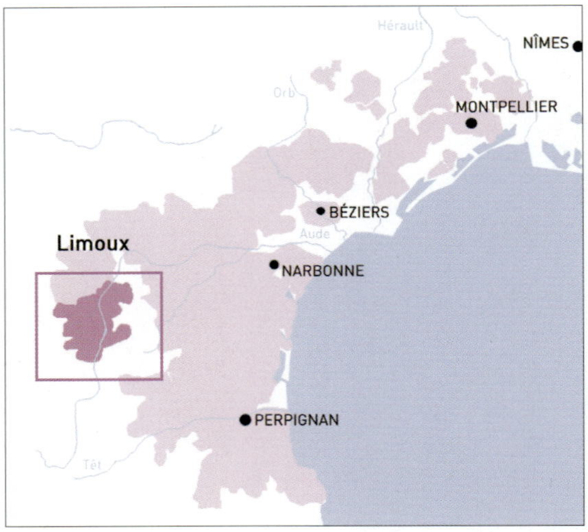

Lorsque le bon moine sommelier de l'abbaye bénédictine de Saint-Hilaire près de Limoux découvrit que le vin qu'il avait mis en bouteille et soigneusement bouché de liège formait des bulles comme s'il commençait une nouvelle fermentation, il était sans doute loin de se douter que venait de naître le premier brut du monde !

Sur sa cuve baptismale, au sein de cette magnifique abbaye de pierre blonde, se penchaient d'heureuses conditions climatiques et géologiques. Zone de confluence méditerranéenne et océanique, Limoux bénéficie en effet d'un bon ensoleillement et d'une pluviométrie bien répartie sur toute l'année. Situées à l'extrémité occidentale de la région, au pied des Pyrénées, les vignes grimpent à flanc de coteaux jusqu'à 450 mètres. Exposés au sud, les vignobles croissent sur un sol argilo-calcaire, léger et caillouteux. L'aire de l'appellation couvre 7 800 hectares et produit des vins rouges et blancs dits tranquilles, c'est-à-dire non effervescents, et des vins bruts, la blanquette de Limoux, le crémant de Limoux et la blanquette méthode ancestrale.

Limoux
Superficie : 7 800 ha
Production : 350 000 hl/an

Le Limoux blanc offre des arômes différents suivant la proportion de tel ou tel cépage dans son assemblage. Ainsi dominé par le chardonnay, il exprime des notes vanillées, d'agrumes confits et de noisettes grillées, mais si par le chenin, il révèle des parfums de fleurs blanches, de pêche et de prune avec une belle minéralité. Enfin le mauzac lui donne des arômes de pomme verte et de poire.

Le Limoux rouge, lorsqu'il est composé essentiellement de cépages atlantiques, cabernet merlot, côt, est marqué par des parfums de pruneau et de cuir avec des notes de réglisse, mais si c'est son côté méditerranéen qui l'emporte avec syrah et grenache, ce sont plutôt des arômes de fruits rouges bien mûrs, de garrigues et d'épices qui se laissent déguster.

La blanquette de Limoux quant à elle est élaborée à partir du cépage traditionnel du cru, le mauzac qui domine largement

puisque seuls 10 % de chenin et de chardonnay sont autorisés. Le crémant de Limoux provient à 90 % maximum du chardonnay, du chenin, du mauzac blanc et du pinot noir. L'effervescence des vins est obtenue par un processus mis au point à travers les siècles et qui repose sur l'obtention d'une seconde fermentation par l'adjonction d'une liqueur. Les bouteilles doivent ensuite reposer neuf mois au moins en cave pour la blanquette et quinze mois pour le crémant. La fermentation de la blanquette méthode ancestrale doit tout aux sucres du cépage mauzac et à la mise en bouteilles pendant la lune de mars dont l'influence mystérieuse permet d'obtenir des vins mousseux.

« Redoutez les effets du vin, mais observez pourtant qu'il y a beaucoup plus de vieux ivrognes que de vieux médecins. »

Alfred de Musset

Fitou

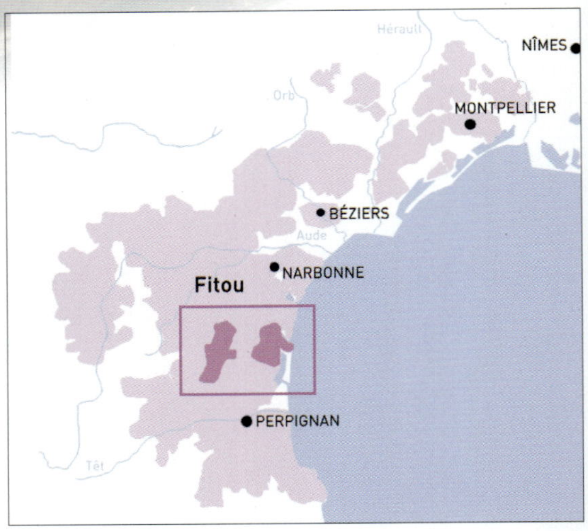

« OMNIA FECIT DEUS, Fitou homines » « Dieu fit tout, l'homme, le Fitou ». Si la comparaison qu'induit la fière devise latine de la Mesnie des Chevaliers du Fitou vous semble quelque peu exagérée, respirez juste lentement les arômes de fruits rouges, poivre, fruits mûrs, pruneaux, amandes grillées, cuir, garrigue qui émanent du Fitou… et vous comprendrez ce qui justifie un tel enthousiasme.

Produit sur une zone de 2 560 hectares de sol argilo-calcaire sur neuf communes, Fitou, Cascatel, Caves de Treille, La Palme, Leucate, Paziols, Treilles, Tuchan, Villeneuve les Corbières, l'AOC Fitou est fruit d'un savant assemblage de cépages dont les différentes qualités donnent un cru délectable.

Le carignan, présent au moins à 75 % à qui le vin doit sa structure et sa robe rubis, le grenache noir qui apporte finesse, onctuosité et velouté, le mourvèdre et la syrah qui offrent persistance en bouche et élégance.

Pour avoir droit à l'appellation, le vin doit vieillir en fût pendant neuf mois. D'une forte teneur en alcool, il présente des caractères différents suivant son terroir d'origine. La robustesse et la puis-

Fitou
Superficie : 2 560 ha
Production : 85 000 hl/an

“ Le soleil, avec toutes ces planètes qui gravitent sous sa gouverne, prend encore le temps de mûrir une grappe de raisin, comme s'il n'y avait rien de plus important. ”

Galilée

sance des Fitous issus du vignoble de Tuchan de l'intérieur des terres contraste avec la finesse et la souplesse des vignobles maritimes.

Plus ancienne des AOC du Languedoc puisqu'il l'obtient dès 1948, le Fitou montre jusque dans les mets qu'il accompagne ce balancement entre mer et montagne. Il se marie aussi bien avec une anguille de Leucate fraîchement pêchée sur le rivage qu'avec un plat de *fréginat*, ce ragoût frémissant de sanglier chassé dans les montagnes de Paziols, Treilles, Villeneuve des Corbières ou Cascastel...

Maury

ENTRE L'IMPOSANT CHÂTEAU de Quéribus, un des derniers bastions de la résistance cathare et les vignobles de Maury qu'il domine, deux mondes semblent se côtoyer sans être voués à se rencontrer. D'un côté telle la tour de Babel, l'orgueilleuse forteresse dresse ses masses altières sur un étroit piton rocheux qui semble vouloir grimper à l'assaut du ciel à force de renoncements aux plaisirs terrestres, de l'autre les ceps de vigne sont caressés par l'astre solaire pour enfanter les crus délectables qui réjouiront le cœur de l'homme. Et peut-être est-ce là la meilleure manière de rendre grâce au Créateur pour ses dons…

Les mille hectares de terroir schisteux que recouvre l'appellation Maury donnent en effet un des meilleurs Vins Doux Naturels du Roussillon. Riches et généreux, ces vins hors normes sont élaborés en conservant pendant la fermentation une partie des sucres du jus de raisin par l'adjonction d'alcool. Par cette opération appellée mutage, on obtient des vins dont le degré d'alcool est compris entre 15° et 18°. Le taux de sucre compris entre cinquante et plus de cent grammes par litre donne une puissance liquoreuse qui n'est pas un des moindres charmes de ces vins.

Maury
Superficie : 1000 ha
Production : 30 000 hl/an

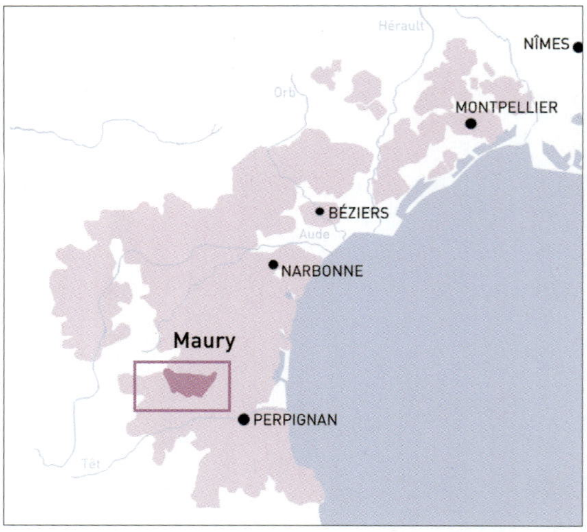

Issu principalement du rustique cépage grenache noir, qui lui apporte un fruité remarquable, le Maury est un vin coloré et capiteux. Les arômes de cassis et de mûres caractéristiques de sa jeunesse laissent ensuite la place à des notes de cacao et de prunneau cuit.

Tannique et puissant, c'est le plus viril des Vins Doux Naturels. Il se savoure avec du roquefort, ou du bleu. Ou tout simplement à l'apéritif en contemplant la forteresse de Quéribues afin de réconcilier les deux mondes dans la quiétude vespérale.

Côtes du Roussillon, Côtes du Roussillon Villages

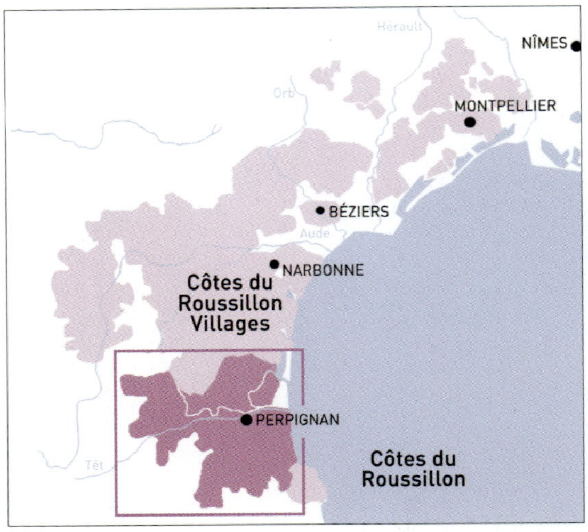

Gorgés de soleil, enivrés de chaleur, bercés par la tramontane… les vignobles des Côtes du Roussillon, autrefois synonymes d'une production abondante et parfois médiocre, rattrapent depuis quelques années la qualités des vins du Languedoc.

L'aire d'appellation des Côtes du Roussillon couvre 5 687 hectares et s'étend sur trois secteurs, au sud-est, les vignobles de plaine, les collines du sud-ouest et les massifs calcaires ou schisteux du nord. Elle produit des vins rouges, corsés et épicés, à 80 % à partir des cépages carignan, grenache, lledoner pelut, syrah, mourvèdre et maccabeu. Les vins rosés (13 %) et blancs (7 %) se partagent le reste de la production. Les vins blancs proviennent principalement des cépages grenache blanc et maccabeu, tandis que la malvoisie vient apporter finesse et nervosité et que marsanne, roussanne et vermentino donnent une touche personnelle aux cuvées. Avec leurs arômes des vins rosés évoquant les petits fruits rouges, les vins rosés se dégustent avec des soupes de poissons ou les fameuses charcuteries catalanes.

Au sein de l'appellation Côtes du Roussillon, depuis 2004, trente-sept communes du sud du vignoble peuvent accoler la mention Les Aspres sur leurs crus. Présentant de plus forts pourcentages de syrah et de mourvèdre, cette nouvelle AOC nécessite douze mois minimum d'élevage.

Leur consœur, l'appellation Côtes du Roussillon Villages, de 1 537 hectares est réservée aux vins rouges produits sur trente-deux communes du nord. Leurs coteaux pentus aux terrasses de sol schisteux, calcaires ou granitiques, encépagés en carignan, grenache, lledoner pelut, syrah, mourvèdre ou maccabeu, donnent des vins rouges corsés et fruités, plus aptes à la garde que les Côtes du Roussillon.

De plus, quatre terroirs se distinguant par l'originalité de leur sol peuvent adjoindre le nom de leur village à leur

Côtes du Roussillon
Superficie : 5 687 ha
Production : 212 410 hl/an

Côtes du Roussillon Villages
Superficie : 1 537 ha
Production : 45 055 hl/an

appellation. Il s'agit de Latour de France aux sols de schistes bruns, Caramany, où domine le gneiss, Lesquerde avec ses arènes granitiques et Tautavel aux terrains de calcaire compact recouvert d'argile rouge. L'histoire ne dit pas si l'homme de Tautavel, ce chasseur de la Préhistoire découvert sur le site, pouvait penser qu'un jour ses lointains descendants élaboreraient avec soin sur son territoire des crus aux arômes complexes de vanille et de réglisse, de garrigues, d'épices et de fruits mûrs.

Banyuls, Banyuls Grand Cru, Collioure

Les appellations Banyuls, Banyuls Grand Cru et Collioure sont produites sur des aires confondues sur les communes de Collioure, Port-Vendres, Banyuls et Cerbère.

L'appellation Collioure est la moins étendue puisqu'elle couvre moins de 600 hectares contre 1 200 pour Banyuls et Banyuls Grand Cru. Échelonnés le long d'un vaste amphithéâtre, les coteaux font face à la mer sur des pentes pouvant atteindre 40 %. Mais bien que les vignes aient une vue imprenable sur la Méditerranée, elles n'en doivent pas moins lutter pour leur survie. Le sol d'argile sableuse ne dépasse pas vingt à cinquante centimètres d'épaisseur et les racines des ceps sont dans l'obligation de descendre profondément pour puiser l'eau et les nutriments nécessaires à leur croissance alors que sévit la sécheresse à l'extérieur.

Provenant des cépages grenache noir (au moins 50 %), carignan, syrah et mourvèdre, le Banyuls est un vin doux naturel, c'est-à-dire vinifié par la méthode du mutage qui consiste à interrompre la fermentation du moût par adjonction d'alcool. Cette stabilisation permet au vin d'atteindre une

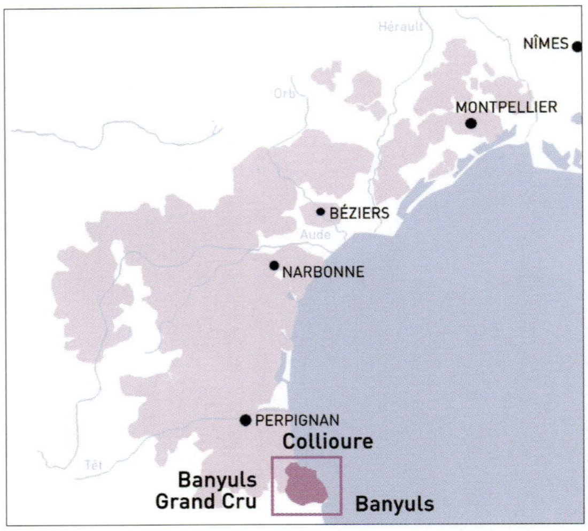

douceur qui en fait un vin « de dame », un vin qui évoque les dîners proustiens aussi bien qu'un apéritif entre amis alors que tombe le soir sur les vallées gorgées de soleil. Ils évoluent au fil du temps, prenant des arômes très variés, dans les types doux, demi-doux ou secs, avec pour certains le fameux goût de rancio, de vanille, réglisse, noix ou torréfaction, donné par un long vieillissement en milieu oxydatif. Le Banyuls Grand Cru contient lui au moins 75 % de grenache noir, mais aussi les cépages grenache gris et grenache blanc, ainsi que syrah et mourvèdre (maximum 10 %). Il doit vieillir au moins trente mois avant d'être commercialisé. Les gourmets pourront alors se délecter de ses arômes de

Banyuls
Superficie : 898 ha
Production : 18 449 hl/an

Banyuls Grand Cru
Superficie : 167 ha
Production : 3 495 hl/an

Collioure
Superficie : 597 ha
Production : 19 578 hl/an

fruits cuits, d'épices, de moka, de tabac et des notes de torréfaction.

Depuis 1971, l'AOC Collioure se décline en vin rosé et rouge et depuis 2002 en vin blanc. Les deux tiers de la production sont consacrés au vin rouge issu des cépages grenache noir, harmonieusement complété par le mourvèdre et la syrah tandis que le carignan apporte sa puissance et sa chaleur. Riches et capiteux, les vins rouges de Collioure révèlent des arômes de fruits rouges. Les rosés, aromatiques et nerveux, sont issus des mêmes cépages auxquels peut s'ajouter le grenache gris. Ils sont parfaits pour un pique-nique ou un barbecue l'été. Le vin blanc de Collioure est caractérisé par une forte présence des grenaches blanc et gris (au moins 70 %). Le grenache blanc, très résistant à la sécheresse, apporte des notes fines et anisées qui se fondent harmonieusement avec les arômes de fruits secs du grenache gris. Peuvent être admis cinq autres cépages complémentaires, la malvoisie qui donne au vin jeune des nuances de pomme mûre et de fruit cuit en vieillissant, le maccabeu et ses arômes floraux et fruités évoluant vers le miel, la marsanne qui apporte onctuosité, la roussanne, corsée et complexe et le vermentino qui fournit fraîcheur, gras et équilibre.

Vins de Pays

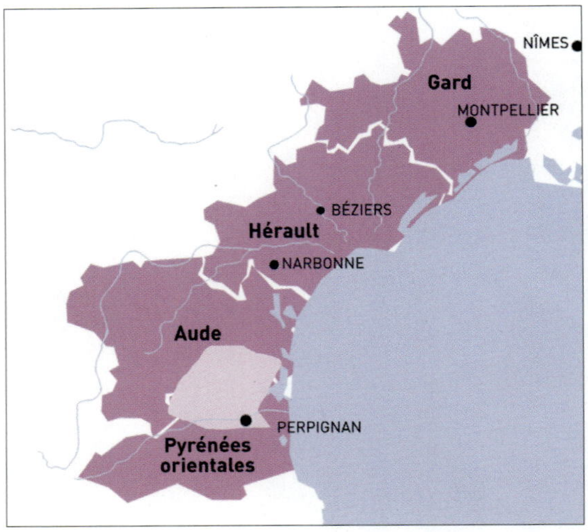

Pour accompagner la poule-au-pot du dimanche voulue par le bon roi Henri IV, pour un pique-nique entre amis ou pour le repos du travailleur, les vins dits « de Pays » sont de toutes les occasions. Agréables à boire, sans prétention, ils font montre d'une bonne humeur cordiale qui les rend très attachants.

Parmi les Vins de Pays il faut distinguer les dénominations de Petite Zone, les dénominations départementales et les dénominations régionales ou de Grande Zone. Pour mériter la dénomination, un vin de pays doit être uniquement issu de l'aire dont il porte le nom. Ses conditions de production sont fixées par décret, avec un rendement maximum, un degré d'alcool minimum et des cépages définis.

Le Languedoc-Roussillon est riche d'un vin de pays régional, le Vin de Pays d'Oc, dénomination définie après la crise de 1986. Élaboré à partir d'une palette unique de trente-deux cépages, il se décline en vin rouge, blanc et rosé. Suivant le sol et le domaine, chaque cépage exprime différemment sa personnalité mais il reste les classiques qui donnent la tonalité d'ensemble. La syrah offre aux vins rouges sa robe intense et sa complexité aromatique d'épices, de mûres, de myrtille et de violette. Le cabernet sauvignon profite du généreux soleil occitan pour développer une harmonieuse symphonie rouge et verte, cassis et cerise, cèdre et poivron vert. Le merlot apporte une onctuosité de bon aloi avec quelques touches végétales et épicées qui donnent aux vins un caractère méditerranéen. Le cinsault donne aux vins rosés un nez de fruits rouges, de fleurs et d'agrumes alors que le grenache exprime toute sa souplesse et son parfum de cerise avec des arômes de figue et parfois de cacao. Quant aux vins blancs, le sauvignon leur offre ses saveurs végétales, nerveuses et nuancées, le viognier ses notes de poire, de fruits tropicaux et de fleurs blanches, et le chardonnay une subtile harmonie de chèvrefeuille.

Outre ce grand seigneur, le Languedoc-Roussillon peut aussi s'enorgueillir de

Vin de Pays d'Oc
Superficie : 80 000 ha
Production : 15 à 18 000 hl/an

quatre Vins de Pays de Département, des Pyrénées-Orientales, ceux de l'Aude, de l'Hérault et du Gard. Généreux et contrastés, ils constituent autant de pépites de soleil et de saveurs à découvrir sans se lasser. Les vins rouges se dégustent avec des grillades, tandis que les rosés font de tout apéritif une fête joyeuse et que les blancs subliment les produits de la mer.

Mais le bal des saveurs ne s'achève point là puisque le riche vignoble du Languedoc-Roussillon compte cinquante-sept Vins de Pays de Petite Zone, qui, au rythme des terroirs et des envies sont autant de découvertes gustatives aux noms chantants. Allez-vous vous laisser tenter par la joie méditerranéenne du Vin de Pays des Côtes Catalanes ou par le romantique parfum médiéval du Vin de Pays de la Cité de Carcassonne ?

La Cataroise

Il était une fois, en des temps médiévaux, un jeune noble audacieux et quelque peu indiscipliné qui avait pour nom Hubert-Henry, comte de Fontseranne. En ces temps-là, la vie est rude pour les enfants de l'aristocratie comme pour ceux du peuple et Hubert-Henry travaille au domaine familial avec son père. Tête en l'air ou amoureux du risque ? Lors d'une vendange, il se trompe de cuve pour le moût, ce jus de raisin non encore fermenté. Au lieu de le mettre en fermentation, il le mélange avec des fûts entamés d'eau-de-vie gardés jalousement par son auguste père pour les déguster au bout de quelques années. Le temps passe et Hubert-Henry surveille avec un peu d'angoisse les cuves, espérant peut-être qu'elles vont sombrer dans l'oubli. Mais un bon vigneron n'oublie jamais la dégustation et après deux ans, les cuves sont ouvertes. S'attendant à être tancé, Hubert-Henry fait profil bas mais quelle n'est pas sa surprise quand il voit l'austère visage de son père s'éclairer d'un large sourire à peine a-t-il trempé ses lèvres dans le breuvage ainsi formé ?

Bon an mal an, la liqueur ainsi obtenue traverse les siècles. À Béziers et dans la région, sous le nom de « picardan doux » ou de « mistelle » et surtout de « cartagène »

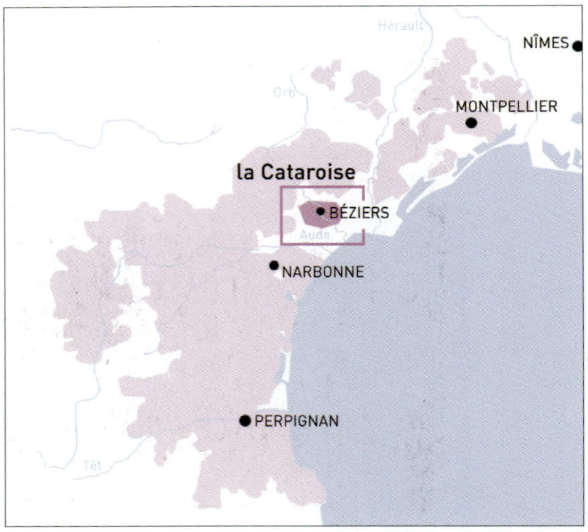

sous l'influence du port espagnol, elle est de toutes les fêtes, repas familiaux ou veillées au coin du feu. Les hommes la surnomment malicieusement « vin de pies » car il a le pouvoir de délier les langues féminines lors des discussions entre commères.

Aujourd'hui connu sous le nom de Cataroise du Comte de Fontseranne, en référence à la fois aux Cathares et à la jolie histoire qui aurait présidé à sa naissance, ce vin de liqueur à 18° d'alcool est élaboré exclusivement de manière naturelle. Issue principalement des cépages grenache, cinsault et clairette, cueillis en légère surmaturité, la Cataroise du Comte de Fontseranne est composée du moût des raisins et d'un quart d'eau-de-vie de raisin à 70 % d'alcool. Vieillie en fût, la Cataroise peut se consommer dès deux ans d'âge

mais demeure une jeune fille à vingt ans. Ses arômes de cerise confite, de noix ou de pruneau la rendent délectable en apéritif ou en dessert mais sans jamais ajouter de glaçon. Elle accompagne avec bonheur une tranche de foie gras ou un morceau de roquefort.

Les seigneurs du Languedoc-Roussillon

« L'homme doit d'être au vin le seul animal à boire sans soif ». Ce subtil distinguo établi par Pline l'Ancien, auteur romain du Ier siècle de notre ère, prend tout son sens dans ce périple sur les traces des plus grands crus du Languedoc-Roussillon. Sur cette terre de feu, la clairette du Languedoc, le Picpoul de Pinet, le muscat de Saint Jean de Minervois, les vins effervescents de Limoux, le muscat de Rivesaltes et le Rivesaltes vous conviennent à vous laisser griser par leurs arômes fruités, leurs parfums capiteux au cœur de l'austère pays cathare.

Et, n'en déplaise à ces courageux tenants d'un courant spirituel qui au XIIe siècle proposait à ses adeptes une vie loin des plaisirs terrestres, les plus grands vins du Languedoc-Roussillon semblent une louange, sinon à Dieu, du moins à sa création. Joyeux et allègres, ils semblent du soleil en bouteille, un hymne au bonheur de vivre. Fruits de la terre et du travail des hommes, ils invitent à une plongée au cœur d'une histoire fascinante où se mêlent les épopées cathares et le calme des celliers abbatiaux. Ils montrent que les grands vins naissent d'une lente et patiente confrontation entre l'homme et son environnement.

Clairette du Languedoc

Le retors roi Louis XI, parfois de triste mémoire, était cependant un homme de goût, ou du moins son sommelier puisqu'il proposa la Clairette du Languedoc à la table royale en 1471 et 1472, sous le nom de Picquardentz en vin blanc sec et en Cleratz en vin blanc doux. Mais le machiavélique monarque n'est point le seul à avoir apprécié la Clairette, déjà évoquée par le romain Pline l'Ancien dans son *Histoire naturelle* en tant que vin blanc doux appelé *mustum*. Consécration de cette longue histoire, en 1948, la Clairette est la première AOC reconnue dans le Languedoc.

Il est vrai que ce cru semble une quintessence du pays cathare, le mépris de la chair[1] en moins car la Clairette appelle résolument à profiter du jour qui passe, « Carpe diem » comme disait le poète latin Horace. Elle doit son nom à la clairette, l'unique cépage dont elle soit issue, l'un des plus anciens du Languedoc. Parfaitement adaptés aux sols maigres et caillouteux de galets de quartz, de silex et de calcaire agglomérés dans une matrice argilo-sableuse, les très petits raisins de ses grappes sont sensibles au vent et aiment le soleil qui règne en maître dans le Languedoc.

1. Le catharisme, mouvement religieux hérétique vivement combattu par l'Église catholique à partir du XIIe siècle prône une vie pure loin des tentations matérielles.

Clairette du Languedoc
Superficie : 275 ha
Production : 5 000 hl/an

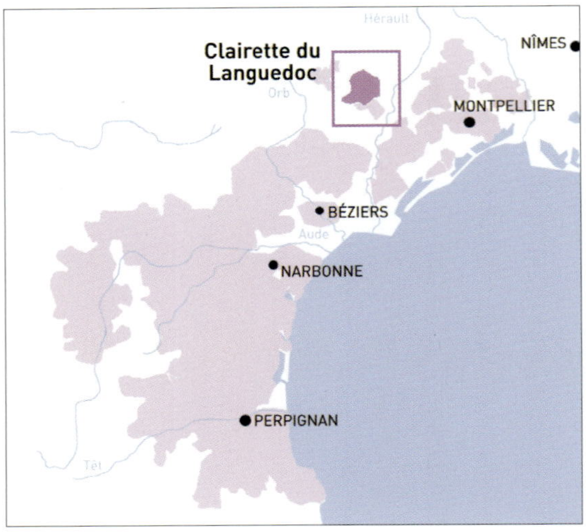

Quand la clairette est vinifiée en vin blanc sec, elle donne des vins aux arômes de fruits de la passion, mangue et goyave pour les vins jeunes, qui en vieillissant évoquent plutôt des senteurs d'automne, noisette et confiture. Elle se décline aussi en vins moelleux qui doivent avoir au moins 12° d'alcool avec douze à quarante-cinq grammes de sucre au litre. Leur nez est alors puissant, et en bouche se dégustent des arômes de poire, de miel et de pêche. Avec l'âge, la Clairette a tendance à madériser, c'est-à-dire s'oxyder naturellement pour donner des vins au goût de rancio. Typiques de la culture viticole du Languedoc-Roussillon, les vins de type rancio sont élevés en plein air dans des tonneaux non remplis. Avec leurs notes de torréfaction, de vanille et de réglisse, ce sont des vins qui donnent

des envies de confort bourgeois, d'apéritifs sous une tonnelle de glycine ou de bon cigare pris dans un fauteuil en cuir après un repas familial, à moins qu'on ne les déguste en guise de cognac ou d'armagnac en racontant les dernières parties de chasse ou promenades dans la garrigue....

Picpoul de Pinet

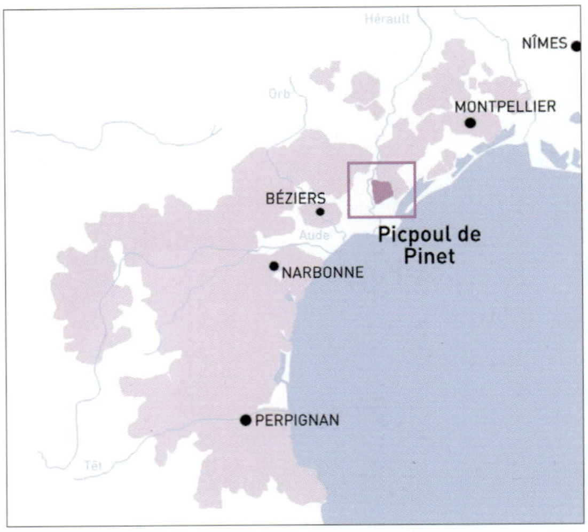

Au bal des meilleurs crus du Languedoc-Roussillon, le Picpoul de Pinet est une belle dame élégamment vêtue d'une robe de soie vert pâle aux reflets cristallins. Parfois ses atours revêtent les moirures dorées qui signalent les meilleures maisons, les plus anciennes vignes. Son nez aquilin montre une finesse toute distinguée qui semble être une quintessence du charme discret de la bourgeoisie tandis que ses arômes de fleurs d'acacia et d'aubépine font tourner la tête à plus d'un soupirant. À qui sait la conquérir, elle révèle une bouche nerveuse, d'un bel équilibre.

Gourmande, elle aime à plaire avec des repas à base de fruits de mer, coquillages, poissons et cuisine méditerranéenne, ou un beau plateau de fromage. Et, c'est son péché mignon, elle raffole du chocolat.

Tel un notable solidement établi, le Picpoul de Pinet est issu d'un vieux cépage languedocien, le piquepoul, surtout planté en blanc mais qui existe aussi en gris et en noir. Cépage tardif, il a besoin de l'humidité de l'arrière-saison pour parfaire sa maturation. Il possède une grappe très ramifiée dont les petits grains ovoïdes se détachent facilement. Autrefois, les vendanges avaient lieu à l'aide de plateaux posés sur le sol pour récupérer les baies.

Planté sur 1300 hectares, le vignoble subit un climat de type méditerranéen avec des précipitations faibles et des hivers doux. Il faut distinguer nettement les zones nord et sud du vignoble, séparées par l'ancienne voie romaine domitienne. Le nord, où les ceps alternent avec garrigues et pinèdes, contraste avec le sud uniquement planté de vignes qui jouissent d'une vue imprenable face à la mer. Situé en bordure de l'étang de Thau, tout proche des antiques ports de Sète et d'Agde, c'est l'un des plus anciens vignobles de la façade méditerranéenne.

Le Picpoul de Pinet a toujours joui d'une certaine réputation puisque les crus issus du vignoble de la « Marine », la partie sud de l'appellation, étaient déjà appréciés dans l'Antiquité. En 1886, le professeur de viticulture Gustave Foëx n'hésitait pas à affirmer : « Le vin du Piquepoul gris, connu sous le nom de Picpoul est l'un des meilleurs vins blancs du Midi ».

Picpoul de Pinet
Superficie : 1300 ha
Production : 48 000 hl/an

Muscat de Saint Jean de Minervois

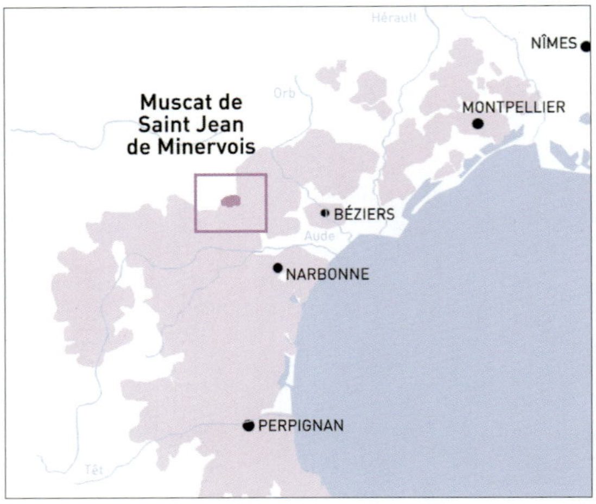

Le Minervois, théâtre de nombreux affrontements sanglants lors de la croisade contre les Albigeois, semble avoir oublié les cris des mourants qu'on égorge pour n'être plus que douceur, calme et appel à une tranquille volupté. Pourquoi ne pas s'arrêter un instant sur cette terre d'apparence aride mais qui sait donner des fruits délectables à ceux qui ont su lui parler, prendre le temps de savourer calmement un vin doux comme le Saint Jean de Minervois, un de ces vins qui appellent les tranquilles songes d'une nuit d'été ?

En dégustant ce nectar en robe dorée, il suffit de fermer les yeux pour sentir le raisin à peine cueilli, ce muscat à petits grains magnifiques d'où est issu le vin. Il faut se laisser ensuite bercer par des arômes qui sont autant de voyages initiatiques dans un pays où tout ne serait que jaune, doré et mordoré : citronnelle, abricot, coing, mandarine et miel… Mais ce vin d'apparence capiteuse révèle aussi une fraîcheur délicieuse en ce pays de soleil, ce qui le rend fort agréable à déguster avec du foie gras comme avec des fromages de personnalité tel que le roquefort. Bon prince, le muscat de Saint Jean de Minervois se laisse en effet apprécier avec de nombreux plats, à l'apéritif ou au dessert. Pourquoi ne pas le proposer avec la tarte aux fruits dominicale ou dans une sauce au roquefort dont vous pourrez découvrir la recette en fin d'ouvrage ?

Cette luminosité qui caractérise le Saint Jean de Minervois est-elle due à sa naissance sur un sol de calcaire blanc éclatant de soleil ? Il est en tout cas certain que les 230 hectares que couvre l'appellation, situés sur la commune de Saint-Jean-de-Minervois, au nord-est de l'aire d'appellation Minervois, sont particulièrement privilégiés pour l'exposition à l'astre solaire.

AOC depuis 1949, le Saint Jean de Minervois doit son goût si particulier au mutage, c'est-à-dire à l'adjonction d'alcool lors du processus de fermentation pour stopper l'activité des levures aux environs de 15 °, le reste des sucres non fermentés restant en « résiduel ».

Muscat de Saint Jean de Minervois
Superficie : 230 ha
Production : 5 000 hl/an

Vins effervescents de Limoux

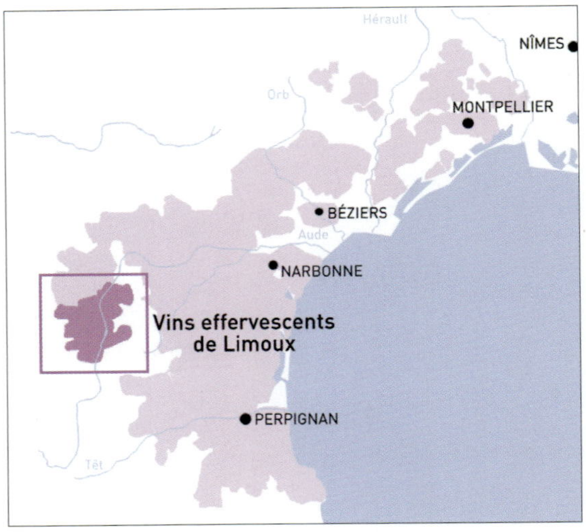

Les grands alcools mûrissent-ils mieux portés par la prière que dans une ambiance purement profane ? Entre le Champagne de dom Pérignon ou la liqueur des Chartreux, religion et vinification font souvent bon ménage !

Dans la magnifique abbaye Saint-Hilaire près de Limoux, c'est dans le secret des caves qu'au XVIe siècle le frère sommelier découvrit un jour le pouvoir étonnant du vin qu'il avait mis en bouteilles et bouché de liège. Le blond nectar s'était mis à former des bulles comme s'il commençait une nouvelle fermentation.

Aujourd'hui le processus mis au point n'a plus rien d'un tâtonnement empirique. Lors du pressurage des raisins, sont recueillis les premiers jus, clairs et purs, pour former les têtes de cuvées. C'est à partir de cette base que sont assemblés les vins de cuvées des différents terroirs. Chaque maison possède sa propre recette qui donnera une personnalité différente aux vins. La blanquette est élaborée principalement à partir du mauzac, seuls 10 % de chenin et de chardonnay étant autorisés. L'équation s'inverse pour le crémant puisque chardonnay et chenin sont majoritaires et peuvent représenter jusqu'à 90 % de l'encépagement. Peuvent s'y adjoindre le mauzac blanc et le pinot noir.

Lorsque l'assemblage est effectué, on ajoute une liqueur de tirage qui provoque une seconde fermentation pendant laquelle le vin prend mousse. Les bouteilles reposent alors pendant neuf ou quinze mois pour le crémant au cours desquels le dépôt qui subsiste dans le vin est amené vers le goulot par le remuage, une opération quotidienne effectuée sur pupitre. Le goulot de la bouteille est ensuite gelé pour en expulser ce dépôt emprisonné dans un glaçon. Avant que le liège ne scelle la virginité des bouteilles jusqu'à leur union avec un amateur des plaisirs de ce monde, est ajoutée la liqueur d'expédition qui donne le caractère brut, sec ou demi-sec de chaque

“ On a beau rêver de boissons : quand on a réellement soif, il faut se réveiller pour boire. ”

Sigmund Freud

cuvée. Les bouteilles reposent ensuite deux mois avant d'être expédiées aux quatre coins du monde.

Quant à la blanquette méthode ancestrale, c'est le sucre contenu dans le mauzac vendangé ainsi que les conditions climatiques qui interviennent exclusivement. La fermentation se fait naturellement jusqu'à 5 °C ou 6 °C. Il suffit ensuite d'une mise en bouteilles sous l'influence de la lune descendante de mars pour que le vin prenne mousse et atteigne finalement 6 °C ou 7 °C.

Ce petit mystère qui prouve que la nature recèle encore bien des secrets donne un vin dont la légèreté fait merveille pour conclure un repas sur une petite note sucrée. La blanquette de Limoux proprement dite est quant à elle un vin coquet, au nez mutin de fruits et fleurs de printemps et à la belle robe de soie sauvage jaune pâle aux reflets mordorés. Ses notes nerveuses accompagnent tout un repas, ou même pour une pause gourmande un peu de chocolat ! Le crémant, subtil aristocrate à l'élégante robe pâle rehaussée de reflets dorés se distingue par un nez de fleurs blanches associé à de subtiles notes parfumées d'agrumes et de pain grillé qui font merveille à l'apéritif avec de petits toast salés.

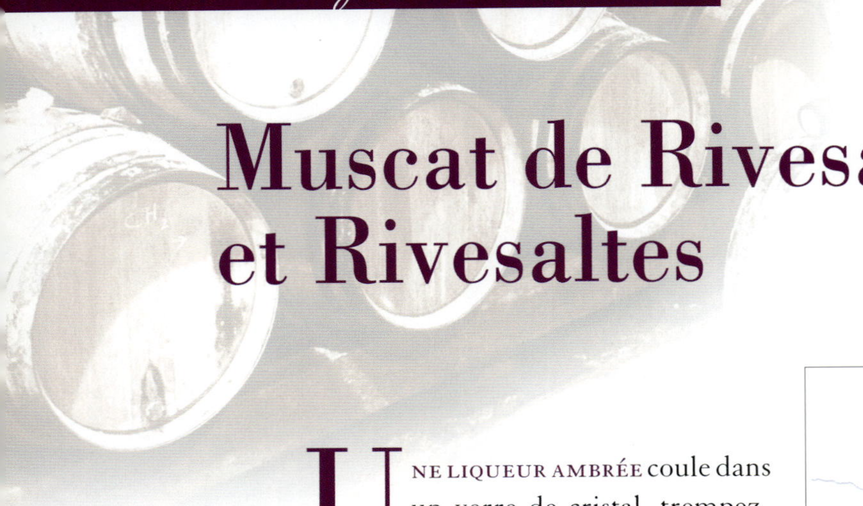

Muscat de Rivesaltes et Rivesaltes

UNE LIQUEUR AMBRÉE coule dans un verre de cristal, trempez-y lentement une rousquille, ce biscuit catalan et laissez les effluves d'une madeleine proustienne vous parler d'un vin magique, au fruité remarquable qui semble contenir toute l'âme du pays catalan rien que dans les deux syllabes de son nom, Rivesaltes, rives hautes.

Pourtant le Rivesaltes est multiple. Son aire de production de 8 000 hectares s'étend sur quatre-vingt-six communes des Pyrénées-Orientales et neuf de l'Aude. Ses cépages poussent sur les terrasses caillouteuses des rivières Têt, Tech et Agly et les contreforts de massifs montagneux schisteux ou argilo-calcaires.

Cette diversité permet la naissance de plusieurs Rivesaltes, tous élaborés selon la technique du mutage qui consiste à adjoindre de l'alcool durant la fermentation, donnant des vins très sucrés et alcoolisés. Issu du grenache blanc, du macabeu, de la malvoisie, du muscat à petits grains et du muscat d'Alexandrie, le Rivesaltes ambré est un magnifique charmeur au nez d'abricot sec et de praliné. Sa magnifique bouche ample lui permet d'accompagner l'apéritif, le foie gras ou le fromage de chèvre avec beaucoup de

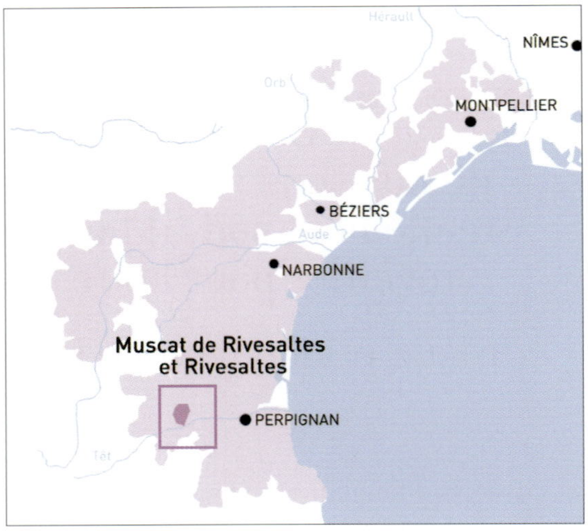

bonheur. Son compère, le Rivesaltes tuilé est élaboré à base de grenache noire. C'est un vin de plus longue garde, qui doit être élevé pendant au moins vingt-quatre mois avant la mise en vente. Gras et charpenté en bouche, il découvre des parfums de fruits mûrs, de marc et de pruneau. Également issu du grenache noir, le Rivesaltes grenat est mis plus tôt en bouteille, ce qui lui permet de conserver son fruit. Ses arômes de fruits des bois font merveille avec de la cuisine sucrée-salée.

Plus délicat avec sa robe d'or pâle, le muscat de Rivesaltes est uniquement issu des cépages muscat à petits grains ou muscat d'Alexandrie. Également connu sous le nom de muscat à gros grains ou muscat romain, ce cépage est un pur méditerranéen que l'on retrouve sur l'ensemble

Rivesaltes
Superficie : 8 000 ha
Production : 130 000 hl/an

Muscat de Rivesaltes
Superficie : 5 000 ha
Production : 150 000 hl/an

“ L’alcoolique et l’abstinent commettent la même erreur : ils considèrent tous les deux le vin comme une drogue et non comme une boisson. ”

George Keith Chesterton

du pourtour de *Mare Nostrum,* ainsi que les Romains nommaient la Méditerranée. L’aire de production du muscat de Rivesaltes correspond à celle de Rivesaltes, de Banyuls et de Maury. Il se déguste jeune pour que s’expriment au mieux ses arômes de raisin frais, d’agrumes et de fruits exotiques.

À table !

Quel vin choisir pour quel plat ? Si le vin est plaisant avec presque tous les aliments, certaines alliances suscitent particulièrement le plaisir des sens. Il convient d'apporter un soin particulier à l'alliance entre les mets et les crus qui les accompagnent.

Voici quelques conseils généraux précieux :

– les vins vieux étant délicats à accorder, préférez un mets simple pour laisser toute sa place au vin ;
– un plat légèrement sucré ou amer accentuant la sécheresse d'un vin, évitez les vins durs ;
– plus un mets est salé ou acide, plus le vin aura l'air doux et sucré.

Par ailleurs, les épices, l'ail, le vinaigre et les fruits crus abîment sensiblement notre perception du vin. Il est généralement déconseillé de marier de la viande rouge avec des vins blancs ou sucrés ; poisson, crudités et fromage de chèvre avec des vins rouges tanniques qui assèchent le palais ; desserts, foie gras et fromages forts avec du cabernet de Loire, du rosé ou du blanc vif.

Sauce au roquefort (à servir en accompagnement d'une viande grillée)

Ingrédients :

- 50 g de roquefort
- 1 verre de muscat de Saint Jean de Minervois
- 20 cl de crème fraîche épaisse
- une noix de beurre

Préparation de la recette :

Faites fondre très doucement l'oignon haché très fin dans le beurre. Quand il est cuit, ajoutez le roquefort émietté et le muscat, puis passez au mixer et laissez frémir quelques minutes.

Hors du feu, mélangez à la crème, chauffez doucement et servez en accompagnement d'une viande grillée ou poêlée.

Crème Catalane (pour 6 personnes)

Ingrédients :

- 1 litre de lait
- 6 jaunes d'œufs
- 250 g de sucre en poudre
- 50 g de maïzena
- 1 bâton de cannelle
- 1/2 citron
- cassonade

Préparation de la recette :

Prélevez les zestes du demi citron.

Faites chauffer 80 cl de lait avec le bâton de cannelle et le zeste de citron.

Mélangez au fouet les jaunes d'œufs avec le sucre.

Versez le lait bouillant sur les jaunes et remuez bien.

Diluez la maïzena dans les 20 cl de lait froid restant. Mélangez afin d'éviter les grumeaux.

Ajoutez la maïzena au premier mélange encore chaud et retirez le bâton de cannelle.

Transvasez le tout dans la casserole de cuisson du lait et laissez cuire en mélangeant régulièrement. La crème ne doit pas bouillir, mais va s'épaissir.

Au terme de la cuisson, versez la crème dans des ramequins et laissez refroidir.

Faites chauffer votre gril (si vous n'en avez pas, vous pouvez utiliser un chalumeau ou une salamandre).

Saupoudrer la surface de la crème de cassonnade et passez les ramequins sous le gril bien chaud ou caramélisez la surface au chalumeau.

Madeleines ardèchoises (pour 6 personnes)

Ingrédients :

- 3 œufs
- 100 g de sucre
- 100 g de farine
- 1 sachet de levure chimique
- 100 g de beurre
- 250 g de crème de marrons
- 1 petit verre de cognac
- 1 pincée de sel

Préparation de la recette :

Préchauffez le four th.6 (180°C).

Mélangez au fouet les œufs avec le sucre. Ajoutez la farine, le sel, la levure, le beurre ramolli, la crème de marrons et le cognac. Mélangez bien la préparation.

Remplissez les moules à madeleines aux trois quarts. Mettez au four pendant 40 minutes environ. Démoulez, servez tel quel ou recouvert d'un glaçage au chocolat.

Salade à la mode de Collioure (pour 4 personnes)

Ingrédients :

- 4 belles tomates fraîches
- 400 g de thon à l'huile en boîte
- 1 bulbe de fenouil
- 4 œufs durs
- 8 anchois
- 12 olives noires
- 1 citron
- 10 cl d'huile d'olive
- 8 branches de persil plat
- sel, poivre

Préparation de la recette :

Après avoir lavé et essuyé les tomates, coupez-les en rondelles puis étalez-les sur un linge propre en les poudrant légèrement de sel fin pour les laisser dégorger pendant que vous préparez les autres ingrédients de la salade.

Passez ensuite aux anchois, il faut leur couper la tête, les vider. Ouvrez-les en deux par le ventre pour ôter l'arrête centrale. Une fois rincés, épongez-les puis mettez-les dans une assiette en les arrosant de jus de citron. Laissez mariner l'ensemble. Nettoyez le bulbe de fenouil et détaillez-le en fines tranches en gardant quelques plumets verts. Effeuillez le thon, réservez-en la moitié et émiettez le reste à la fourchette.

Avec la moitié de thon gardée, mélangez avec le persil ciselé puis versez trois cuillerées à soupe d'huile, salez, poivrez et mélangez.

Disposez l'ensemble dans un plat en couvrant de rondelles d'œufs que vous aurez écalé et coupés en rondelles.

Disposez ensuite en alternance les tranches de fenouil, les lamelles de thon et les rondelles de tomates. Poivrez, parsemez du reste de persil et disposez les anchois égouttés sur les légumes.

De plus, vous pouvez aussi rajouter à votre guise des anneaux d'oignon ou des olives pour le goût et la décoration !

Abricots au muscat

Ingrédients :

- 1 kg d'abricots bien mûrs
- 100 g de sucre glace
- 100 g d'amandes effilées
- 2 blancs d'œufs
- 25 cl de muscat de Rivesaltes

Préparation de la recette :

Lavez les abricots et essuyez-les avant de les couper en deux et de les dénoyauter. Mettez-les dans un plat allant au four avec le côté bombé sur le fond. Arrosez-les de muscat avant de laisser macérer pendant une heure. Entre-temps faites griller les amandes à sec dans une petite poêle.

Dans une terrine placée au bain-marie à feu moyen versez et battez les blancs d'œufs et le sucre glace pour obtenir une meringue.

Quand elle est ferme, incorporez les amandes et étalez la préparation sur les abricots puis enfournez à feu très vif pendant dix minutes. La meringue doit avoir une belle teinte dorée.

Les anchois en escabèche

Ingrédients :

- 3 douzaines d'anchois
- 3 dl de vinaigre de vin
- 1/2 l d'eau
- 2 oignons
- 6 gousses d'ail
- 2 feuilles de laurier
- 1 bouquet de thym
- 2 carottes
- 1 citron
- 1 piment oiseau
- 1 pincée de safran
- 100 g de farine
- huile pour friture
- 1 dl d'huile d'olive
- sel, poivre

Préparation de la recette :

Videz les anchois, sans ôter ni les têtes, ni les queues. Puis lavez-les et épongez-les un à un dans du papier absorbant.

Passez-les dans la farine, secouez-les pour en faire tomber l'excès. Faites-les alors frire à la poêle avec de l'huile puis épongez-les à nouveau.

Dans une casserole, faites fondre à feu doux dans 1 décilitre d'huile d'olive, un oignon et l'ail finement hachés ainsi qu'une carotte coupée en rondelles. Mouillez avec l'eau et le vinaigre, salez, poivrez, ajoutez thym, laurier, piment, safran.

Faites cuire cette marinade pendant un quart d'heure, puis laissez-la refroidir. Disposez les anchois dans un plat creux, recouvrez-les de marinade que vous aurez passée. Décorez l'ensemble à votre guise de feuilles de laurier, de rondelles de citron, d'oignons et de carotte. Mettez au frais avant de servir très froid le lendemain. Vous pouvez accompagner de pain de campagne légèrement grillé, tartiné de beurre salé.

Poivrons marinés pour l'apéritif

Ingrédients :

- 2 poivrons rouges
- 2 poivrons jaunes
- 1 oignon
- 50 grammes de tomates séchées
- 150 millilitres d'huile d'olive
- 1/4 de bouquet de basilic
- 1/4 de bouquet de persil
- 2 gousses d'ail
- 1 piment rouge
- Sel et poivre

Préparation de la recette :

Épépinez les poivrons et détaillez-les en lanières de 3 centimètres de large puis mettez-les au four pendant 10 minutes pour retirer la peau plus facilement.

Pendant ce temps préparez la sauce. Pour ce, écrasez l'ail, hachez le persil et détaillez en dés l'oignon. Mélangez l'oignon, l'ail, la tomate et les piments puis versez l'huile.

Pour présenter, roulez chaque lanière de poivron sur elle-même et maintenez-la avec un cure-dents. Nappez l'ensemble avec la sauce et laissez macérer pendant six heures avant de le servir en apéritif.

Une entrée venue du sud

Ingrédients :

- Olives noires et vertes
- Ail
- Huile d'olive
- Pain grillé

Préparation de la recette :

Broyez les olives, l'ail et l'huile d'olive et étalez le tout sur des tartines. C'est prêt ! Il ne vous reste plus qu'à vous régaler.

Attention cependant à ne pas mettre trop d'ail car cru il est piquant et à avoir plus d'olives vertes que d'olives noires qui sont très salées.

Les aubergines à la nîmoise (pour 3 personnes)

Ingrédients :

- 3 aubergines
- 3 tomates
- 1 dl de lait
- 2 dl d'huile d'olive
- 200 g de pain de mie
- 3 cuillérées à soupe de lait
- 3 gousses d' ail
- fenouil en branche
- persil
- ciboulette
- sel, poivre
- Un peu de chapelure

Préparation de la recette :

Lavez et essuyez les aubergines puis fendez les en deux dans le sens de la longueur.

Laissez-les à dégorger pendant vingt minutes en les saupoudrant préalablement de sel puis essuyez les avant de les faire frire dans une sauteuse avec de l'huile d'olive chaude. Ensuite égouttez-les soigneusement et évidez-les avec une petite cuillère. Réservez la chair et placez les peaux côte à côte dans un plat à gratin.

Coupez les tomates en deux et enlevez les pépins. Posez-les dans le plat à côté des aubergines.

Ecroûtez le pain de mie et arrosez la mie avec le lait préalablement chauffé. Laissez-le tremper deux minutes puis pressez dans vos mains pour extraire le lait.

Dans un saladier, mélangez la chair des aubergines, la mie de pain trempée, l'ail, la ciboulette, le fenouil et le persil hachés. Salez, poivrez.

Garnissez les aubergines et les tomates de cette farce et arrosez de quelques gouttes d'huile. Saupoudrez légèrement de chapelure et faites cuire à four chaud 210° (th7) pendant 25 minutes.

Attention, il faut que la farce soit dorée en sortant du four, sinon, passez les aubergines encore 2 ou 3 minutes sous le gril du four.

La macaronade du Languedoc-Roussillon (pour 4 personnes)

Ingrédients :

- 4 brageoles (paupiettes de boeuf ou alouettes sans tête)
- 4 chipolatas
- 400 g de porc
- 2 oignons
- 1 carotte
- 1/2 branche de céleri
- 1 bouquet de persil
- 10 gousses d'ail
- 10 clous de girofle (facultatif)
- 50 cl de vin rouge
- 4 cuillères à café de concentré de tomate
- tomates pelées (boîte d'environ 400 g)
- 400 g de pâtes Penne
- 150 g de fromage râpé + parmesan

Préparation de la recette :

Faites revenir à feu vif les viandes, les unes après les autres puis réservez-les. Mélangez ensuite dans la même poêle les oignons, l'ail, la carotte, le céleri et le persil émincés. Puis ajoutez le concentré et les tomates pelées, 15 cl d'eau, les clous de girofle et mixez le tout. Laissez mariner les viandes, sauf les chipolatas, dans le vin rouge avec du sel et du poivre puis ajoutez-les aux légumes et tomates et faites mijoter le tout pendant une heure et demie.

Ajoutez alors les chipolatas et faites cuire pendant 10 minutes. Faites cuire les pâtes et mélangez le tout, puis saupoudrez avec le mélange de fromage.

Les oreillettes de Montpellier (pour 6 personnes)

Ingrédients :

- 500 g de farine
- 30 g de sucre
- 2 oeufs
- 75 g de beurre
- 1 sachet de levure
- le jus d'1 citron
- 100 g d'eau tiède
- 1 sachet sucre vanille + sucre glace
- huile (arachide ou olive, qui supportent mieux la friture)

Préparation de la recette :

Mélangez la farine avec le sucre, la levure et le sucre vanillé.

Creusez un puits au milieu et mettez-y les oeufs, le beurre préalablement fondu, l'eau et le jus de citron. Mélangez et pétrissez.

Abaissez la pâte en une feuille très fine. Découpez des losanges, des rectangles ou des cercles selon votre bon plaisir.

Mettez l'huile à chauffer dans une poêle. Plongez-y les motifs découpés et laissez frire légèrement.

Retirez vos oreillettes avec une écumoire et égouttez-les sur du papier absorbant. Saupoudrez de sucre glace avant de servir.

Le cassoulet de Castelnaudary (pour 8 personnes)

Ingrédients :

• 1,2 kg de haricots « lingots »	• 2 gousses d'ail
• 700 g de confit d'oie	• concentré de tomates
• 700 g de saucisse fraîche de Toulouse	• 1 oignon piqué d'un clou de girofle
• 250 g de couennes fraîches de porc	• 1 bouquet garni de thym et laurier
• 200 g de jarret de porc	• 1 carotte
• 1 pied de porc	• 1 poireau
• 400 g de travers de porc	• 1 branche de céleri
• 50 g de vieux lard	• sel et poivre

Préparation de la recette[1] :

Il faut d'abord faire tremper les haricots « lingots » une nuit dans de l'eau froide que vous jetterez.

Puis mettez les lingots dans une casserole d'eau froide et faites les blanchir en portant à l'ébullition pendant 5 minutes ; jetez encore cette eau.

Entre-temps, préparez un bouillon avec les couennes coupées en larges lamelles, le pied de porc et le jarret, ainsi qu'un oignon piqué d'un clou de girofle, un bouquet garni de thym et de laurier, une carotte, un poireau, une branche de céleri et un hachis fait de quelques grains d'ail et de vieux lard salé.

Filtrez le bouillon en récupérant les couennes et le pied. Il faut obtenir un volume de bouillon qui fasse environ deux fois celui des haricots blanchis.

Mettez les haricots à cuire avec le bouillon (une heure et demie à deux heures à feu dou). Il faut que les haricots soient souples mais restent entiers. Pendant cette cuisson, ajoutez une cuillerée à soupe de concentré de tomate par kilo de haricots.

Dans une poêle, dégraissez les morceaux de confit d'oie. Retirez les morceaux.

Dans la graisse restante, faites rissoler les « coustelous » puis retirez-les et égouttez-les avant de faire dorer les saucisses dans la même graisse.

Ensuite, vous pouvez disposer les ingrédients dans un plat creux qui passe au four. Le récipient traditionnel, en terre, du nom de « cassolo » a donné son nom au cassoulet. Vous pouvez le frotter avant avec une gousse d'ail.

Tapissez le fond du plat avec les couennes, et ajoutez le pied de porc ainsi qu'un tiers de haricots. Disposez les confits puis noyez-les sous les haricots restants. Sur le dessus du plat déposez les saucisses en spirale et enfoncez-les légèrement sous les haricots. Versez le bouillon chaud et le jus recueilli dans la poêle et poivrez généreusement.

Enfournez à 150/160 °C (four 5/6) et laissez cuire deux à trois heures. Pendant la cuisson, le dessus de la préparation se couvrira d'une croûte marron dorée qu'il faut enfoncer à plusieurs reprises sans écraser les haricots. Profitez-en pour vérifier que les haricots ne sèchent pas, si c'est le cas, ajoutez du bouillon.

Vous pouvez le servir réchauffé, selon certains c'est encore meilleur !

1. Prévoyez de préparer votre cassoulet la veille pour le déjeuner du lendemain ou très tôt le matin pour le soir.

Annexes

Liste des appellations

Languedoc

Coteaux du Languedoc

Coteaux du Languedoc Coteaux de la Méjanelle ou La Méjanelle

Coteaux du Languedoc Cabrières

Coteaux du Languedoc Coteaux de Saint-Christol ou Saint-Christol

Coteaux du Languedoc Coteaux de Vérargues ou Vérargues

Coteaux du Languedoc Grès de Montpellier

Coteaux du Languedoc La Clape

Coteaux du Languedoc Montpeyroux

Coteaux du Languedoc Picpoul-de-Pinet

Coteaux du Languedoc Pic-Saint-loup

Coteaux du Languedoc Quatourze

Coteaux du Languedoc Saint-Drézéry

Coteaux du Languedoc Saint-Georges-d'Orques

Coteaux du Languedoc Saint-Saturnin

Coteaux du Languedoc Terrasses du Larzac

Clairette du Languedoc

Clairette du Languedoc suivi du nom de la commune d'origine

Faugères

Limoux

Saint-Chinian

Saint-Chinian Berloup

Saint-Chinian Roquebrun

Minervois

Minervois-La Livinière

Corbières

Cabardes

Côtes de la Malepere

Fitou

Costières de Nîmes

Crémant de Limoux

Blanquette de Limoux

Blanquette méthode ancestrale

Clairette de Bellegarde

• Vins doux naturels

Muscat de Saint-Jean-de-Minervois

Frontignan

Muscat de Frontignan

Vin de Frontignan

Muscat de Mireval

Muscat de Lunel

• Vins de liqueur

Clairette du Languedoc

Clairette du Languedoc suivi du nom de la commune d'origine

Frontignan

Muscat de Frontignan

Vin de Frontignan

• Eaux-de-Vie

Eau-de-Vie de Faugères (AOR[1])

Faugères (AOR)

Eau-de-Vie de marc originaire du Languedoc (AOR)

Eau-de-Vie de vin originaire du Languedoc (AOR)

Roussillon

Côtes du Roussillon

Côtes du Roussillon Les Aspres

Côtes du Roussillon-Villages

Côtes du Roussillon-Villages Caramany

Côtes du Roussillon-Villages Latour de France

Côtes du Roussillon-Villages Lesquerde

Côtes du Roussillon-Villages Tautavel

• Vins doux naturels

Banyuls

Banyuls Rancio

Banyuls Grand Cru

Banyuls Grand Cru Rancio

Maury

Maury Rancio

Grand Roussillon

Grand Roussillon Rancio

Muscat de Rivesaltes

Rivesaltes

Rivesaltes Rancio

1. Appelation d'Origine Réglementée

30 RECOLTANT 533

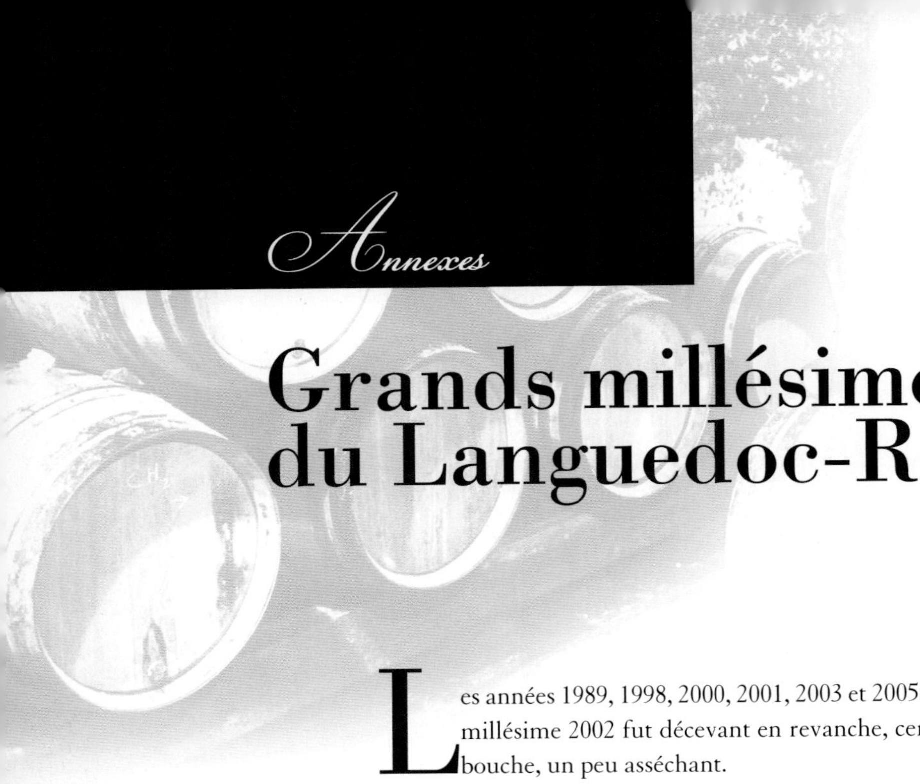

Grands millésimes du Languedoc-Roussillon

Les années 1989, 1998, 2000, 2001, 2003 et 2005 ont produit de très beaux millésimes. Le millésime 2002 fut décevant en revanche, certains amateurs ont noté un vin acide en bouche, un peu asséchant.

Années	
86	nd
87	nd
88	nd
89	93
90	90
91	68
92	69
93	84
94	84
95	90
96	76
97	77
98	95
99	87
00	90
01	90
02	77
03	90
04	89
05	89

Légende :
96-100 : extraordinaire
90-95 : excellent
80-89 : très bon
70-79 : bon
60-69 : moyen

Source : Les Fidèles de Bacchus, www.fidelesdebacchus.com

Avec l'aimable autorisation des auteurs

RIVESALTES
V.D.N
ROUGE
1979

Vin et littérature

« La vigne et la maison

Écoute le cri des vendanges
Qui monte du pressoir voisin ;
Vois les sentiers rocheux des granges
Rougis par le sang du raisin.

Regarde au pied du toit qui croule :
Voilà, près du figuier séché,
Le cep vivace qui s'enroule
À l'angle du mur ébréché.

Autrefois, ses pampres sans nombre
S'entrelaçaient autour du puits ;
Père et mère goûtaient son ombre ;
Enfants, oiseaux, rongeaient ses fruits.

Il grimpait jusqu'à la fenêtre ;
Il s'arrondissait en arceau ;
Il semble encor nous reconnaître
Comme un chien gardien d'un berceau,

Sur cette mousse des allées
Où rougit son pampre vermeil,
Un bouquet de feuilles gelées
Nous abrite encor du soleil. »

Alphonse de Lamartine,
Recueillements poétiques, 1839

« Profondes joies du vin, qui ne vous a connues ? Quiconque a un remords à apaiser, un souvenir à évoquer, une douleur à noyer, un château en Espagne à bâtir, tous enfin, vous ont invoqué, dieu mystérieux, caché dans les fibres de la vigne. Qu'ils sont grands les spectacles du vin illuminés par le soleil intérieur, qu'elle est vraie et brûlante, cette seconde jeunesse que l'homme puise en lui ! Mais combien sont redoutables aussi ses voluptés foudroyantes et ses enchantements énervants. Et, cependant, dites, en votre âme et conscience, juges, législateurs, hommes du monde, vous tous que le bonheur rend doux, à qui la fortune rend la vertu et la santé faciles, dites, qui de vous aura le courage impitoyable de condamner l'homme qui bois du génie. »

Charles Baudelaire

« Si quelque chose devait me manquer, ce ne serait pas le vin mais l'ivresse. Des ivrognes, vous ne connaissez que les malades, ceux qui vomissent, et les brutes, ceux qui recherchent l'agression à tout prix. Il y a aussi les princes incognito qu'on devine sans parvenir à les identifier (...) Ils sont entourés de ténèbres et d'éclairs ; ce sont des funambules persuadés qu'ils continuent d'avancer sur le fil alors qu'ils l'ont déjà quitté ; pour eux, la boisson introduit une dimension supplémentaire dans l'existence (...) une sorte d'embellie (...) et qui n'est sans doute qu'une illusion, mais une illusion dirigée. »

Antoine Blondin

« Ci-gît Jean qui baissait les yeux
À la rencontre des gens sobres
Et qui priait tout bas les dieux
Que l'année ait plusieurs octobres. »

Pierre Corneille

« Quand un poète se lamente devant les fraudes qui salissent la réputation du vignoble du Languedoc-Roussillon…

Vignerons de Narbonne,
de Béziers et d'ailleurs...
Votre heure n'est pas bonne ;
Car vos vins les meilleurs,
Les plus sains, les plus braves
Pourrissent dans vos caves
Et perdent leur velours ;
Car des fraudeurs indignes,
Contempteurs de vos vignes,
Interrompent leur cours.

Hélas ! mon cœur se serre
Devant votre misère ;
Mais j'essaierais en vain
De boire tout ce vin. »

Raoul Ponchon
le Journal
13 mai 1907

Château
2001
Tête de Cuvée
Château
2000
750 ML

« En France, on ne boit plus de vin.

Bientôt, au cours du siècle vingt,
Ce ne sera plus qu'un mot vain.

Un mot vain ! quelle comédie !
Lui, par qui toute maladie
Est réduite à rien, quoi qu'on die.

Le Vin qui n'est que pourpre et qu'or,
Et qu'il faudrait aimer encor
Ne fût-ce que pour son décor,

Le Vin, boisson des Dieux, des papes,
Véritable fleur de nos nappes,
A disparu de nos agapes.

Ils l'ont tué, les assassins
- Je veux parler des médecins -
Il contrariait leurs desseins.

Ils l'ont remplacé sur les tables,
Par les eaux les plus impotables,
Pour se venger, les misérables !

Mais comment cela se fit-il ?
Comment le Vin, cet or subtil,
S'est-il changé en un plomb vil ?...

Je ne sais plus quel être ignoble
Fit aux vignes de tout vignoble
Une conduite de Grenoble.

Il a dit : « C'est lui l'animal,
Le Vin ! d'où nous vient tout le mal.
Il est l'absurde et l'anormal :

Le pourvoyeur du cimetière,
Il faudrait sur la terre entière
Déraciner la vigne altière.

Sans croire à cet hurluberlu,
Les vignerons ne savaient plus,
Et demeuraient irrésolus.

Alors les vins les plus suaves,
Les plus certains et les plus braves,
Pourrirent dans la nuit des caves.

Ce fut le désastre. Depuis
L'eau prévaut sur le vin. Et puis
La cave est aujourd'hui le puits !

On ne voit plus que des malades
Traités ainsi que des salades,
Aussi quelles dégringolades !

On ne voit partout qu'avachis,
Le foie et le poumon blanchis
Par les Galmiers et les Vichys.

C'était encore une ressource
Avec certaines eaux de source,
Que l'on captait avant leur course ;

Il n'y avait pas de bobo,
Cela servait de lavabo,
Mais sans vous conduire au tombeau.

Aujourd'hui la faculté veille,
Et vous met la Seine en bouteille,
Bien préférable au jus de treille !

Et pourtant, disons le très haut.
Nous avons connu la vraie eau !
Mais c'est fini Gloria Deo ! »

Raoul Ponchon
le Courrier Français
18 janvier 1906

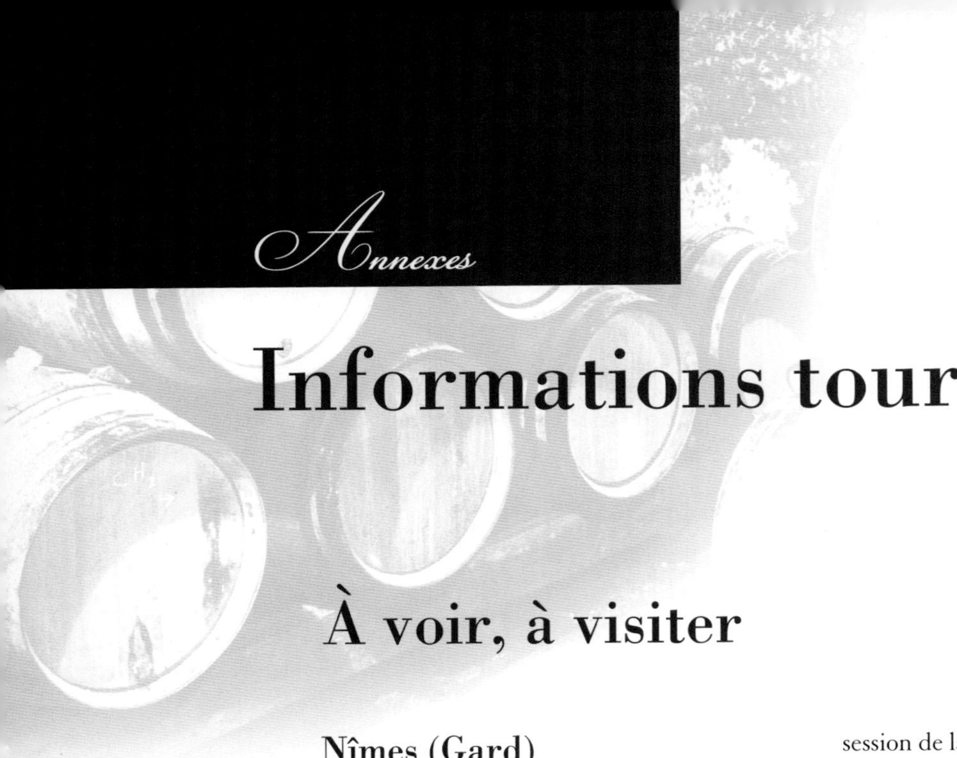

Informations touristiques

À voir, à visiter

Nîmes (Gard)

30000 Nîmes

Située entre la mer Méditerranée et la montagne des Cévennes, Nîmes est forte d'une culture et d'une histoire particulièrement riches. Sa fondation remonte à l'Antiquité et ce fut une ville tout à la fois romaine et hispanique, camarguaise et cévenole, languedocienne et provençale et un fief protestant historique !

A voir :

• Les Arènes de Nîmes. Édifiées sous l'empereur Auguste au Ier siècle de notre ère, les arènes sont l'amphithéâtre le mieux conservé de l'époque romaine.

• La Maison Carrée est le seul temple romain au monde qui soit conservé dans son intégralité.

• La tour Magne, créée au IIIe siècle avant JC, fut rehaussée par les Romains par la suite et servit de tour défensive.

La Cité de Carcassonne (Aude)

11000 Carcassonne

Le site de Carcassonne a joué à travers les siècles un rôle déterminant dans l'histoire du Languedoc. Oppidum de l'Age du Fer transformé au Ier siècle avant notre ère en ville romaine, la cité devient au XIe siècle la possession de la puissante vicomté Trencavel qui domine le Bas-Languedoc. Au terme de la croisade contre les Albigeois, la cité, dotée de fortifications nouvelles, devient l'une des places fortes emblématiques du pouvoir royal sur la frontière qui sépare la France et l'Aragon.

Avec le traité des Pyrénées en 1659 qui rattache le Roussillon aux possessions françaises, la cité perd cependant son rôle stratégique, laissant à l'abandon ses ouvrages défensifs. Au XIXe siècle, grâce à l'action des Carcassonnais et du service des Monuments historiques qui confie sa restauration à Eugène Viollet-le-Duc, l'ancienne forteresse recouvre sa physionomie passée.

A voir :

• La Cité médiévale. Située sur la rive droite de l'Aude, elle compte 52 tours et 2 enceintes concentriques qui totalisent 3 kilomètres de remparts. Ce quartier, libre d'accès, est encore habité de nos jours et abrite un grand nombre de commerçants et artisans.

• Le Château et les remparts. Construit au XIIème siècle, il fut la demeure des Trencavel, vicomtes de Carcassonne. Visites guidées, visites conférences, activités éducatives (pour le jeune public) - Accès aux remparts. Musée lapidaire, exposition permanente sur la restauration de la Cité au XIXe siècle.

• La Basilique Saint-Nazaire. Une magnifique Cathédrale du XIe et XIVe siècles.

Port Vendres (Pyrénées-Orientales)

66660 Port Vendres

Port naturel en eau profonde, au bord de la Méditerranée, Port-Vendres est une étape indispensable en Roussillon.

Port-Vendres vous offre de multiples possibilités d'explorer ses environs. Les balades le long de la jetée ou encore les promenades en mer vous permettront de découvrir la côte rocheuse et ses criques. La plongée sous-marine et la pêche au large en revanche, vous feront découvrir la mer et ses profondeurs, notamment la réserve marine de Banyuls-Cerbère. Enfin, en basse montagne, des randonnées variées et des promenades accessibles à tous, vous permettront de découvrir entre autres le vignoble qui abrite un des formidables joyaux du patrimoine roussillonnais.

Collioure (Pyrénées-Orientales)

66190 Collioure

Dans les Pyrénées Orientales, au bord de la Méditerranée, Collioure est un petit bijou posé sur l'eau. La ville vous séduira par la douceur de son climat, et la qualité de ses eaux limpides et de ses plages qui battent Pavillon Bleu.

Sète (Hérault)

34200 Sète

Sète, la Venise du Languedoc, est l'un des plus grands ports de la Méditerranée, aux odeurs mêlées de mer et de garrigue. Paul Valéry et Georges Brassens en sont les fils les plus célèbres.

Le Grau-du-Roi (Gard)

30240 Le Grau-du-Roi

Le Grau-du-Roi est un charmant port de pêche situé dans le Gard, au débouché du chenal qui conduit à Aigues-Mortes.

Minerve (Hérault)

34210 Minerve

Capitale historique du Minervois, Minerve s'élève sur un éperon rocheux qui domine les gorges de la Cesse et du Brian. Les ponts naturels de la vallée de la Cesse en font un site géologique d'exception. Puissante cité pendant la période médiévale, la ville subira un siège douloureux lors de la croisade contre l'hérésie cathare menée par Simon de Montfort en 1210.

A voir :

• Les Vestiges de la place forte : la *candela* (chandelle en occitan), pan de mur du château du XIIIe siècle.

• Les remparts qui ceinturent encore la cité.

• La porte basse, la seule encore visible des trois portes d'accès à la Cité.

• La Colombe de l'artiste Jean-Luc Séverac, monument de paix en souvenir des Cathares victimes du bûcher de 1210.

• La réplique de la « Malvoisine », la plus puissante des catapultes du siège de 1210, rappelle les événements tragiques de la Croisade.

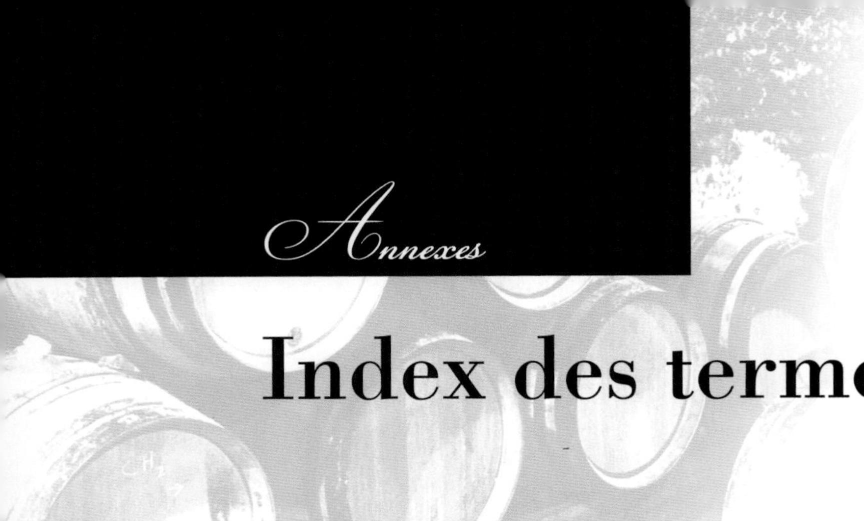

Index des termes viticoles

Bareuzai : Nom donné aux vignerons bourguignons dont le bas du pantalon se teintait de couleur rosée lorsqu'ils foulaient le raisin dans une cuve (bas rosé).

Cépage : Terme utilisé pour désigner la variété de vigne ou de raisin. Un vin de cépage est désigné par le nom du cépage dont il est issu.

Chai : Lieu réservé à l'élevage et au stockage des vins en fûts. Le chai est construit au-dessus de la surface du sol.

Chaptaliser : Ajouter du sucre au moût de raisin pour élever le degré alcoolique du vin. Technique préconisée par le chimiste Chaptal au début du XIXème siècle et réglementée par la loi.

Climat : Territoire viticole restreint lié à une unité de terroir qui peut totalement correspondre à un lieu-dit cadastral et en occuper toute la superficie ou ne couvrir qu'une partie du lieu-dit cadastral si celui-ci ne bénéficie pas de l'appellation sur toute sa surface.

Clos : Dénomination bourguignonne. Vigne seigneuriale, ducale ou monastique entourée d'au moins trois murs au Moyen Âge. Bien que beaucoup de ses anciennes propriétés aient aujourd'hui perdu leurs murs, elles bénéficient encore du nom de clos. Cependant, un propriétaire entourant sa vigne d'un mur ne peut prétendre appeler sa vigne clos.

Coupage : Opération consistant à mélanger des vins d'origine différente ou de cépages différents afin d'obtenir un produit équilibré et à la qualité suivie.

Courtier : Personne qui sert d'intermédiaire entre le producteur de vin et l'acheteur.

Cru : Zone délimitée sur laquelle on produit un vin particulier, le plus souvent de grande qualité.

Dosage : Adjonction d'une liqueur composée de vin et de sucre à un vin effervescent.

Effervescent : Se dit d'un vin qui pétille en raison de la présence de gaz carbonique dans la bouteille. Les meilleurs vins effervescents sont faits en Champagne et l'appellation « Champagne » s'applique uniquement aux vins produits dans cette région. Les vins élaborés selon la méthode champenoise dans d'autres régions portent le nom de « crémant. »

Fermentation malolactique : Processus biochimique au cours duquel l'acide malique (dur) se transforme en acide lactique (plus souple). Synonyme : fermentation secondaire.

Greffage : Technique consistant à fixer un greffon sur un porte-greffe, c'est-à-dire un sarment de vigne américaine insensible aux piqûres du phylloxéra.

Fusées paragrêle : Projectiles contenant de l'iodure d'argent envoyés dans un nuage de grêle dans l'espoir qu'ils transformeront la glace du nuage en eau.

Jarlot : Gros panier jadis utilisé dans le Beaujolais pour mettre les raisins que les porteurs allaient vider dans le cuvier.

Mouillage : Adjonction d'eau aux boissons alcooliques à des fins frauduleuses.

Moût : Jus obtenu par le foulage ou le pressurage du raisin. Ce terme s'applique à du jus qui n'a pas encore fermenté.

Négociant : Grossiste achetant des vins aux petits producteurs et les revendant sous sa marque à des distributeurs ou des clients sur le marché national ou à l'étranger.

Pal injecteur : Sorte de grosse seringue avec laquelle le vigneron appliquait du sulfure de carbone sur les racines de la vigne pour détruire le phylloxéra.

Pampre : Rameau de vigne chargé de feuilles et de fruits.

Phylloxéra : Puceron originaire d'Amérique piquant les racines de la vigne et la faisant dépérir.

Piquette : Boisson que l'on obtient en jetant de l'eau sur du marc, résidu des parties solides : peaux et pépins du raisin à la sortie du pressoir. La piquette a un très faible degré alcoolique.

Premier Cru : Terroir ayant fait l'objet d'une délimitation spécifique, dont les vins sont traditionnellement parmi les plus estimés.

Prise de Mousse : Phase de la vinification des vins effervescents au cours de laquelle le vin subit une seconde fermentation dans la bouteille sous l'action de levures et de sucre.

Pupitre : En Champagne, petit meuble à pan incliné et garni de trou pour placer et remuer les bouteilles.

Remuage : Opération consistant à tourner chaque jour pendant un mois les bouteilles d'un quart de tour pour ramener tout doucement le dépôt ou les lies du Champagne vers le goulot.

Seille : En Beaujolais, ce terme désigne un seau à vendange.

Soufre : Sous forme liquide, ce produit antiseptique répandu sur le moût protège la vendange de l'oxydation.

Sucrage : Adjonction de sucre au moût. Synonyme de chaptalisation.

Tanin (ou tannin) : Présent dans le vin rouge, le tanin provient des pépins et des rafles du raisin. On dit d'un vin qu'il est *tannique* lorsqu'il procure une sensation d'assèchement ou de rugosité sur la langue ou sur le palais.

Tastevin : Petite tasse de métal comportant des stries et des creux jadis utilisée par les courtiers pour juger de la couleur d'un vin.

Terroir : Ensemble de facteurs naturels comprenant le sol, le sous-sol, l'exposition, la pente, le drainage, le micro-climat d'un vignoble associé subtilement au savoir-faire des vignerons.

Tourné : Se dit d'un vin atteint par une maladie appelée « tourne ». Il a une couleur brunâtre, trouble et sent le vinaigre.

Vigneron : Personne qui cultive la vigne et élabore le vin. Autrefois, ce terme désignait l'ouvrier qui travaillait dans la vigne d'un propriétaire.

Viticulteur : Personne qui cultive la vigne. Autrefois, ce terme était appliqué aux propriétaires de vignes.

Annexes

Les cent mots du dégustateur

Acerbe........ âpre et vert

Acide........ qui agit sur les papilles comme le citron

Âcre........ qui irrite les muqueuses

Agréable........ sans défaut

Agressif........ désagréable, se dit d'un vin très acide

Aigre........ qui sent le vinaigre

Aimable........ très agréable

Ambré........ jaune foncé

Ample........ équilibre et harmonieux

Âpre........ fort astringent

Aqueux........ très faible, dilué

Astringent........ qui crispe les muqueuses (dû au tanin)

Austère........ encore sans bouquet

Boisé........ au goût de fût neuf

Bouchonné........ au goût de bouchon, provoqué par des champignons qui contaminent le bouchon

Bourru........ troublé par la lie

Brillant........ qui a des reflets vifs

Brut........ de douceur nulle, très sec

Capiteux........ très alcoolisé

Cassé........ trouble et oxydé

Charnu........ qui emplit la bouche

Chargé........ lourd et épais

Charpenté........ équilibré avec une légère dominante tannique

Clair........ débarrassé des lies

Complet........ bien équilibré

Corsé........ qui a du corps

Coulant........ souple et agréable

Court........ qui ne persiste pas en bouche

Creux........ sans consistance

Délicat........ fin et fondu

Déséquilibré........ à qui il manque un élément

Distingué........ fin et original

Douceâtre........ désagréablement sucré

Doux........ bourru et encore sucré

Dur........ acide et astringent

Effervescent........ qui dégage des bulles de gaz

Enveloppé........ souple et rond

Épanoui........ qui développe son bouquet parfaitement

Épicé........ à odeur d'épices

Équilibré........ dont les caractères s'harmonisent

Étoffé........ ample et plein

Éventé........ sans bouquet

Faible........ sans ampleur ni caractère

Fatigué........ nécessite du repos, se dit d'un vin qui a perdu sa fraîcheur

Fermé........ qui demande à évoluer, caractéristique d'un vin trop jeune

Ferme........ légèrement dur mais agréable

Fin........ qui n'est pas ordinaire

Fort........ apparemment très alcoolisé

Fondu........ d'une belle harmonie

Frais........ plaisamment acide

Fruité........ aux arômes de fruits (cerise, cassis, framboise...)

Fumé........ au goût d'aliments fumés

Généreux........ riche et fort

Gouleyant........ facile à boire, souple et léger

Grand........ de classe élevée

Gras .... agréablement onctueux

Grossier .... sans qualité

Harmonieux ... aux différents caractères bien équilibrés

Herbacé .... qui a une odeur d'herbe (arômes et saveurs)

Léger .... peu corsé et peu alcoolisé

Long .... se dit d'un vin à la saveur persistante

Lourd .... vin épais qui manque d'acidité, sans distinction

Madérisé .... trop vieux pour un blanc

Maigre .... se dit d'un vin manquant de corps, d'onctuosité et d'agrément

Moelleux .... assez sucré et peu acide

Mou .... qui manque légèrement d'acidité

Mousseux .... très effervescent

Moustillant ..... légèrement effervescent

Muscaté .... au goût de raisin Muscat

Musqué .... qui a l'odeur du musc, odeur forte et pénétrante

Nerveux .... très acide et très moelleux à la fois

Net .... franc et droit

Neutre .... sans personnalité

Onctueux .... agréable mais fortement moelleux

Ouvert .... épanoui, prêt à boire

Oxydé .... défraîchi au contact de l'air

Perlant .... légèrement pétillant

Pétillant .... moyennement effervescent

Petit .... 1) décevant, 2) aimable et familier

Piqué .... qui tourne au vinaigre

Plat .... sans bouquet ni acidité

Plein .... aux caractères riches et intenses

Prêt .... dont l'évolution est achevée, demande à être bu

Puissant .... corsé et plein

Racé .... typé et original

Raide .... tannique et acide

Râpeux .... vert et astringent

Riche .... équilibré mais donnant une impression de chaleur

Rond .... charnu et souple

Rude .... astringent et de faible qualité

Sec .... sans sucre

Sévère .... dur et sans bouquet

Souple .... dont le moelleux domine légèrement

Soutenu .... peu tannique et agréablement acide et moelleux

Tannique .... dominé par le tannin, ce qui donne un caractère astringent au vin.

Tuilé .... rouge ambré des vins vieux

Vert .... trop acide

Vif .... d'agréable acidité

Viné .... additionné d'alcool

Voilé .... légèrement trouble

Source : *Tout savoir sur le vin*, Patrice Dard, Comptoir du livre, 1994

Annexes

Petit guide de l'acheteur

Comment choisir et conserver un vin ?

Les mentions figurant sur l'étiquette vous renseignent sur le type de vin mais pas sur sa qualité. En fonction de leurs types, les vins rouges ont des équilibres différents entre fraîcheur et tannins.

Idéalement, il convient de trouver quelqu'un de confiance pour faire office de guide des vins que vous allez goûter. Si une cuvée vous plaît au restaurant, essayez également une autre référence de la carte. Si la second cuvée vous séduit, n'hésitez pas à vous entretenir avec le sommelier.

Trouver des vins prestigieux est une chose, faire en sorte que vos bouteilles soient prêtes lorsque vous le souhaitez en est une autre qui requiert un soin et une attention réguliers. Plutôt que d'acheter trop de vin —plus que vous ne réussirez à en ouvrir— prenez le temps d'apprendre et de découvrir. Afin d'éviter d'ouvrir les bouteilles que vous devriez garder, il est recommandé d'acheter un peu moins de vin à vieillir et davantage de vin à boire dans l'année. Adaptez vos achats selon vos goûts et les mets de votre préférence.

À défaut de cave, il est souhaitable au minimum d'isoler les bouteilles. On pourra empiler les bouteilles dans un placard à vins placé contre un mur nord en prenant soin de le couvrir d'une couverture. Si vous souhaitez aménager une cave à vins, optez pour un environnement sombre, sans vibrations ni odeur d'essence. Ainsi vos vins pourront-ils vieillir dans de bonnes conditions de stockage. Plus la cave est sèche, plus les bouchons se détérioreront vite et laisseront passer l'air : on considère qu'il convient de remplacer les bouchons tous les douze ans. L'aménagement de la cave doit éviter le contreplaqué ou les cartons qui se gorgeraient d'eau. Utiliser des étagères permet de poser les bouteilles horizontalement pour que les bouchons ne s'abîment pas.

Les changements de température doivent être graduels. Un écart de température entre le jour et la nuit étant dommageable, la cave à vin doit être isolée thermiquement. Une bonne conservation implique une fraîcheur relative. La conservation d'un vin rouge peut durer cinq ans à 18°C de maximales et quinze ans à 15°C de maximales. La conservation d'un blanc sec peut durer cinq ans à 12°C de maximales, et quinze ans à 10°C de minimales.

Un vin apte à vieillir a besoin d'un équilibre entre fruit, tanins, acidité et alcool. Une certaine fraîcheur est nécessaire. Avec de la pratique, la dégustation devrait vous permettre de repérer les vins de garde. S'agissant des vins pour commémorer une naissance, certains millésimes des bordeaux rouges ou des sauternes les plus chers peuvent tenir quelques décennies. Un vin pourra se bonifier pendant plusieurs décennies s'il est doté d'un équilibre strict.

Bibliographie

Ouvrages généraux sur le vin :

Tout savoir sur le vin,
textes de Patrice Dard,
Comptoir du livre-Créalivres, 1994

Grand Atlas des vignobles de France,
sous la direction de Benoît France,
Éditions Solar, 2002.

Le vin pour les nuls,
Ed Mc Carthy et Mary Ewing Mulligan,
adapté par Ivan-Paul Cassetari et Laure Ligier, Éditions First, 2008

Le Petit Journal
SUPPLÉMENT ILLUSTRÉ
Huit pages : CINQ centimes
TOUS LES VENDREDIS Le Supplément illustré 5 Centimes
TOUS LES JOURS Le Petit Journal 5 Centimes
Deuxième Année
SAMEDI 31 OCTOBRE 1891

Dictionnaire amoureux du vin,
Bernard Pivot et Alain Bouldouyre,
Plon, 2006

Larousse des vins,
2004

Savoir goûter le vin,
Enrico Bernardo, Frédéric Couderc, Mary Bernardo, et Olivier Roux,
Plon, 2005

Arômes du vin,
par Pierre Casamayor et Michaël Moisseeff,
Hachette Pratique, coll. Les livrets du vin, 2006

Le vin en 80 questions,
Pierre Casamayor,
Hachette Pratique, coll. Les livrets du vin, 2006

Encyclopédie des vins,
Alexis Lichine,
Robert Laffont, coll. Bouquins, 1998

Apprendre à déguster le vin,
Kurt Gibel et J.-C. Ribaut, Favre Sa,
Hors collection, 2003

Vin et vins au restaurant,
Paul Brunet, BPI Hôtel-restaurant, 2000

Les vins du monde,
Bruno Grelon, Simone Pilla, Cristina Sala Carbonell,
De Vecchi, coll. Vie quotidienne, 2004

Vins, vignes et gastronomie bourguignonne
selon Gaston Roupnel,
Philip Whalen,
Terre en vues, 2007

Le livre des vins rares ou disparus,
Robert de Goulaine,
Éditions Bartillat, 2002

L'encyclopédie touristique des vins de France,
Hachette, 2002

L'esprit du vin,
Claude Chapuis,
Timée éditions, 2005

Ouvrages sur les vins du Languedoc-Roussillon :

Les Coteaux du Languedoc,
collectif,
Romain Pages Editions (2005)

Vigne en Languedoc-Roussillon - Parcours paysagers,
collectif,
Editions Cardabelle (2003)

Les vins du Languedoc,
Olivier Bompas et Philippe Benoist,
Editions Romain Pages / Les Carnets du Midi Libre (2004)

Grands Vins du Languedoc-Roussillon,
Pascale et Laurent Marcillaud,
Editions Climats (1999)

Châteaux Vignerons en Languedoc-Roussillon Tome 1,
Collectif de La Journée vinicole,
Editions Causse (2000)

Vignoble du Piémont Pyrénéen,
Jean Delfaud et Jean-François Dutilh,
Editions du Pin à Crochets (2003)

Les Grands Crus du Languedoc et du Roussillon,
Michel Smith,
Editions Renault

Vins & Cuisine de terroir en Languedoc,
sous la direction de Jean Clavel - Photographies Robert Baillaud,
Editions Privat

Sites Internet

www.vins-languedoc-roussillon.fr

www.vinsdulanguedoc.com

www.vinsduroussillon.com

Crédits iconographiques

Responsable Editorial
Nicolas GUERRERO
Cet ouvrage a été réalisé avec la collaboration
d'Isabelle BARON et Claude CHAPUIS.

Création graphique et maquette
Joséphine CORMIER

Couverture
Sylvain KASLIN

Impression
PACOM

Imprimé en Corée du Sud

Timée-Editions
66, rue Escudier - 92100 Boulogne - France
www.timee-editions.com